FAZHI ANHUI JIANSHE
NIANDU BAOGAO

法治安徽建设年度报告（2017）

智库报告

安徽师范大学法治中国建设研究院 编

安徽师范大学出版社
·芜湖·

图书在版编目(CIP)数据

法治安徽建设年度报告.2017/安徽师范大学法治中国建设研究院编.—芜湖:安徽师范大学出版社,2019.1

ISBN 978-7-5676-3940-9

Ⅰ.①法… Ⅱ.①安… Ⅲ.①社会主义法治-建设-研究报告-安徽-2017 Ⅳ.①D927.54

中国版本图书馆CIP数据核字(2019)第014096号

法治安徽建设年度报告(2017)

安徽师范大学法治中国建设研究院 编

责任编辑:胡志立
装帧设计:丁奕奕
出版发行:安徽师范大学出版社
芜湖市九华南路189号安徽师范大学花津校区
网　址:http://www.ahnupress.com/
发 行 部:0553-3883578　5910327　5910310(传真)
印　刷:江苏凤凰数码印务有限公司
版　次:2019年1月第1版
印　次:2019年1月第1次印刷
规　格:700 mm ×1000 mm　1/16
印　张:15.75
字　数:177千字
书　号:ISBN 978-7-5676-3940-9
定　价:46.80元

前　言

安徽师范大学法治中国建设研究院已连续四年编写出版《法治安徽建设年度报告》。《法治安徽建设年度报告》对近年来安徽的法治建设进程进行了较为全面的梳理和总结，并在此基础上提出了一些有针对性的对策建议，以期为法治安徽建设贡献微薄力量。今年安徽师范大学法治中国建设研究院继续推出《法治安徽建设年度报告（2017）》。

本报告在总体框架上继续秉承《法治安徽建设年度报告（2014）》的风格，分为上下两篇，上篇为法治工作报告，下篇为法治调研报告。上篇法治工作报告包括人大的立法与监督工作、依法行政工作、审判工作、检察工作、司法行政工作、知识产权的保护工作、政协的立法协商与法治推动工作、法学研究与教育工作。下篇法治调研报告内容涉及：未成年人社区矫正检察监督实证研究，安徽省老年群体权益保障法治现状的思考，智慧出行打造网约车“芜湖模式”，安徽省公共服务法治化保障方案的思考，安徽省非物质文化遗产保护的法治思考，行政公益诉讼实践研究，新时代关于自治、德治与法治相结合现状的探索和思考，危险驾驶社会治理体系和治理能力现代化的研究，等等。在此要特别一提的是，危险驾驶社会治理体系和治理能力现代化的研究报告，是由安徽师范大学与芜湖市中级人民法院联合成立的公正司法研究院，在对芜湖法院近三年审理的案件为样本基础上，结合相关理论，深入研究撰写而成，具有较高的理论和实践参考价值。这份研究报告的纳入，让《法治安徽建设年度报告（2017）》的内容更加充实。

法治工作报告的调研、资料收集主要由彭凤莲、王宇松完成，法学院2016级硕士研究生孙伟亮同学参与了部分资料的收集和整理工作，2018级硕士研究生杨思宇、段长歌同学参与了部分文稿的校订工作。编撰工作主要由王宇松承担，孙伟亮协助完成，由王宇松统改。法治调研报告由安徽师范大学法学院学生通过暑假社会实践完成，由王宇松统改。全书由彭凤莲统稿。

编　者

2018年11月

目 录

上篇 法治安徽建设工作报告

下篇 法治安徽调研报告

上篇

法治安徽建设工作报告

人大的立法与监督工作

2017年是安徽省人大工作承上启下的关键一年，一年来，省人大始终坚持以习近平新时代中国特色社会主义思想为指导，全面贯彻落实党的十八大、十九大精神和习近平总书记视察安徽重要讲话精神，聚焦中心大局，依法履职尽责，各项工作取得新进展新成效。

一、人大的立法工作

安徽省人大在立法工作中，高度重视地方立法在完善中国特色社会主义法律体系、引领推动事业发展中的重要作用，在现有的五年立法计划的统筹规划和立法计划的框架下，2017年省人大深入开展查缺补漏工作，对法规的立、改、废和审查批准规划进行全面梳理，全面完成重点领域的立法规划，为五大发展美好安徽建设提供了法治保障。

——着力健全立法工作机制。始终坚持党对立法工作的领导，把中央及省委加强党对立法工作领导的各项工作部署落实落细，如将2017年立法规划和计划报请省委审定，对于立法中的重大问题坚持向省委请示报告。安徽省近五年来一直布局完善立法工作机制，逐步完善的立法工作机制可以有效推进科学民主依法立法，累计制定和修改15个立法文件，实现了立法的每个环节都有章可循。同时认真落实中央及省委推动人大工作完善发展的部署要求，制定和修改相关法规24件。党的十九大后，省人大及时修改常委会组成人员守则，把贯彻习近平新时代中国特色社会主义思想、维护党中央集中统一领导等部署要求明确为首要行为规范，促进组成人员更加坚定自觉地贯彻党的主张和中央的决策部署。

——有效提升立法工作质量。公开、民主的立法机制可以有效提升立法工作质量。2017年安徽省继续强化开门立法机制，在全省16个市实行立法协商和常委会法律顾问、专委会及工作机构立法专家顾问制度全覆盖，对争议较大的事项引入第三方评估，使得每一项立法都充分反映人民意愿、得到人民拥护。另外，根据中央部署和立法法规定，针对设区市立法权全覆盖的工作，安徽省人大已经分三批开展试点工作，并于2017年全面完成该项工作部署，使得安徽省所有设区市开始享有立法权，标志着安徽省地方立法工作开启了新篇章。为了使各市能够适应立法权限下放，提高立法工作能力，省人大在全国率先制定立法程序示范文本，并通过开展专题培训、组织市人大机关立法工作人员到省人大机关“跟法”学习，着力加强立法工作的业务指导。同时提前介入各市法规起草阶段相关工作，对法规草案进行全面研究，从合法性、合理性、针对性、可操作性等方面提出意见，促进立法质量提高。

——加强重点领域立法。安徽省始终注意加强重点领域立法，针对重点突出问题推动立法工作。根据先前工作经验并结合当前工作实际，安徽省2017年将立法工作重心放在经济、民生、环境保护等领域。

加强经济领域立法。2017年，安徽省从推动发展方式转变、经济结构优化、增长动力转换出发，制定、修改一系列适应当下经济发展的重要文件，有效践行新发展理念，提升经济发展质量和效益，推动经济高质量发展。如审议通过《安徽省战略性新兴产业集聚发展促进条例》、《安徽省旅游条例》（修改）、《安徽省非税收入管理条例》、《安徽省安全生产条例》（修改）等法律文件，全面适应五大发展理念行动计划要求，推动构建创新型现代产业体系，不断增强经济创新能力和竞争力。

加强民生领域立法。民生领域立法一直是安徽省立法的重点，通过不断强化、加快该领域议案建议办理工作，有效呼应了人民群众的真实意愿，解决民生诉求。如审议通过《安徽省食品安全条例》《安徽省禁毒条例》（修改）等法律文件，回应社会各方关注的焦点和热点事件，从法制层面加强民生保障工作，以实际行动和具体措施践行以人民为中心发展理念，适应人民美好生活需要。

加强环境领域立法。安徽省深入贯彻党的十九大作出的坚持人与自然和谐共生、实行最严格的生态环境保护制度等战略决策，自觉践行“绿水青山就是金山银山”的理念，不断推动生态环境保护领域的立法工作，2017年审议通过《安徽省环境保护条例》（修改）、《安徽省湖泊保护管理条例》、《安徽省水文条例》（修改）等一批环境保护的政策文件。同时将生态文明领域立法作为立法的重中之重贯穿本届人大工作始终，五年来累计制定和修改单项环保法规20件，涵盖大气污染防治、饮用水水源环境保护、湿地保护、湖泊管理保护、巢湖流域水污染防治、水土保持、林业有害生物防治等方面，这一系列法律文件成为强化生态文明建设的重要法治保障。

二、人大常委会的法治监督和法治推动工作

2017年，安徽省人大常委会扎实开展法律监督和工作监督，支持和促进“一府两院”依法行政、公正司法。近五年来，累计听取审议“一府两院”报告94项，开展执法检查19次、专题询问8次，讨论决定重大事项66项，形成加强和改进工作、推动事业发展的合力，保障和推动安徽省创新、协调、绿色、开放、共享发展。

——深化创新监督方式。2017年，安徽省人大常委会在前年工作基础之上，不断创新履行监督职责的思路举措，结合明察暗访、计划检查与随机抽查、实地查看与问卷调查等监督方式，坚持问题导向、效果导向，不断提高监督工作的针对性和实效性。同时探索在检查中委托第三方进行量化评估，并健全备案审查制度，建立相关信息平台，严格督促整改落实，有效提升了监督水平。

——持续加强预算监督。政府预算监督是省人大常委会监督工作的重要内容。安徽省推进对预算审查工作的改革，除原有听取政府部门关于预算执行、审计工作及审计整改情况的汇报之外，探索实行了更为有效的预算监督机制。首先是建立审计查出问题整改情况向省人大常委会报告制度，有效提升审计功能与效果，强化主体责任。其次是探索开展预算联网监督，建立预算审查前听取人大代表和社会各界意见

建议的机制，扩大人大代表和社会各界对预算审查的有序参与，如坚持完善预算审查监督顾问机制，聘请有丰富的财经、审计、财政、税务方面的理论素养和实践经验的审查顾问，有效提升预算监督工作的民主性与科学性。最后是拓宽监督领域，在已经布局完善的监督政府性投资框架下，逐步延伸到重大项目的立项和建设等方面，并突出对预算执行绩效的监督，监督的广度深度进一步拓展。如省人大财经委组织调研组，深入四市开展政府性重大投资项目立项和建设情况专题调研，有效强化了监督工作的深入，并确保责任落实到位。

——完善政府职权行使机制。省人大常委会对政府行政执法的监督是其监督政府职权行使的重要途径。安徽省政府近年来就加快职能转变、推进放管服改革、优化政务服务环境等方面向省人大及人大常委会作出了多次报告。省人大常委会一方面听取并审议了相关报告，对相关问题作出建议并进行了多次督察调研；另一方面大力支持政府深化行政体制改革，全面助力推动行政权力在阳光下规范高效运行。例如省人大城建环资委牵头组织环保整改督查调研组深入四市，开展《环境保护法》《安徽省环境保护条例》执法检查“回头看”活动，围绕2016年执法检查过程中发现的问题整改落实情况进行跟踪督查调研，督查调研组在充分肯定成绩的同时，着重指出存在的突出问题，并提出进一步整改意见，对政府工作进行了充分有效的监督和推进。

——拓展司法工作监督。2017年，安徽省人大常委会对司法工作的监督，在原有审议工作报告并作出决议、听取专项工作报告、组织人大代表旁听典型案件庭审、参加检察院开放日等活动的基础上，着力在审议刑事审判、民事审判、执行工作、反贪污贿赂、民事检察、刑事执行检察等报告的基础上分别作出决议，促进“两院”忠实履行宪法法律赋予的职责，强化改革发展稳定的司法保障。同时持续关注司法体制改革进程，多次与省“两院”召开座谈会，支持司法人员分类管理、完善司法责任制、省以下法院和检察院人财物统一管理、公益诉讼试点等改革任务的落实，帮助推动解决一些实际困难和问题。

——强化经济工作监督。对于经济工作的监督一直是省人大常委会的重点工作。一方面针对安徽省经济发展大局，围绕去降补、调转促、全创改、放管服、防风险等重点任务，先后审议了“十二五”规划纲要实施中期评估、“十三五”规划纲要编制、经济社会发展计划执行、实施五大发展行动计划和调转促行动计划，深化供给侧结构性改革和制造业转型升级等专项规划，听取区域经济、县域经济、民营经济、外向型经济和旅游业发展等方面报告，最终形成了对经济工作的全方位、成体系的监督格局。另一方面是细化经济工作的监督范围，针对科技、产品质量、专利、中小企业促进、农民专业合作社、内部审计等进行专项执法检查，并专题询问中小企业发展、金融业服务实体经济、深化农村改革等情况，将对经济工作的监管落细落实，夯实经济基础。如开展《中华人民共和国专利法》和《安徽省专利条例》实施情况检查，督促支持政府及有关部门进一步增强做好新形势下知识产权的保护工作，依法推进专利事业发展，更好地发挥了知识产权在供给侧结构性改革中制度供给和技术供给的双重作用。再如开展全省范围的产品质量法及安徽省实施产品质量法若干规定执行情况的检查工作，在开展实地检查的基础上，委托第三方机构就全省产品质量执法工作同步进行量化评估，有效推动了质量安徽建设，深化供给侧结构性改革，提高发展质量和效益。

——推进民生事业发展。2017年，省人大常委会坚持发力于民生，重点在义务教育、学前教育、脱贫攻坚、就业创业、综合医改、公共文化服务、老年人权益保障等方面，全面开展专题调研、专题询问或执法检查。例如针对扶贫工作开展专题调研，在听取审议省政府专项工作报告的同时，又开展了专题询问，既认真贯彻中央及省委决策部署、支持政府及有关方面奋力实现脱贫攻坚再战再捷，也成为进一步推动安徽省全面打赢脱贫攻坚战的重要保障。再如针对环境污染问题，依法审议全省环境状况和环境保护目标责任制完成情况的报告，推动环保突出问题尤其是中央环保督察意见的整改落实，其中，对重点企业突出环境问题进行督察，部署实施固废物污染防治执法检查等工作取得重大进展，是省人大常委会认真落实中央及省委生态文明建设决策部署、为打造生态文明建设安徽样板履职尽责的重要举措。

——加强自身建设。安徽各级人大常委会积极适应新形势新要求，立足于推动人民代表大会制度和人大工作与时俱进、更好地履行地方国家权力机关职责使命。首先是坚持不懈加强政治建设，将政治建设放在自身建设的首位，积极参加省委组织的学习和讨论活动，坚持重大事项向省委请示报告，定期报告年度工作，认真完成省委交给的各项任务。其次是加强廉政建设，扎实开展党的群众路线教育实践活动和“三严三实”专题教育，深入推进“两学一做”学习教育常态化制度化，政治生态得到全面优化。最后是夯实基层工作基础，针对地方人大履职中的共性问题和薄弱环节，多次组织市县人大开展研讨，凝心聚力推动问题有效解决。一方面是规范基层党建工作，如召开省人大常委会机关推进基层党组织标准化建设动员部署暨培训会议，响应全面从严治党的要求，促进基层党组织的标准化建设；另一方面则是加强基层工作人员素质能力建设，如举办机关副处级以下干部暨初任公务员教育培训班，结合“两学一做”学习教育活动，全面加强对干部的学习培训，不断提升基层工作人员的素质与能力。通过强化自身建设、提高履职本领，着力推进基层人大建设，并加强联系指导，推动全省人大工作的整体合力与效应持续增强。

——法治宣传教育工作。2017年是深入开展“七五”普法的关键一年，在2016年普法工作的基础之上，省人大着力开展法治宣传教育工作。如开展主题为“深入实施‘七五’普法规划，加快建设‘五大发展’美好安徽”的“江淮普法行”系列活动，将这一具有安徽特色的普法活动继续深入开展，不断提高影响力；再如听取省直有关单位落实以案释法工作情况报告，以此进一步加强督促检查，有力落实了普法责任制，对于弘扬法治精神、培育法治信仰具有重要意义。

依法行政工作

2017年，安徽省各级政府及政府各部门坚持以习近平新时代中国特色社会主义思想为指导，全面贯彻落实党的十九大精神，认真贯彻中共中央、国务院《法治政府建设实施纲要（2015—2020年）》，坚决落实具有安徽省情的实施方案，大力推进法治政府建设，并取得了显著成效。

一、政府立法工作

立法工作是依法行政的基础和前提，也是依法行政工作的基石。近几年来，安徽省高度重视行政立法工作，不断改进和创新立法制度，坚持民主、科学立法，行政立法工作水平逐步提高。

——完善立法体制机制。安徽省认真总结之前立法过程中存在的问题，制定相应的立法流程和规范，为政府立法活动提供了有效的制度保障。如印发《政府立法公开征求意见反馈办法》，对政府立法公开征求意见的形式、反馈期限和方式等进行了明确。同时为了确保立法的民主化和科学化，不断完善立法调研工作机制，做到所有立法项目均深入基层调研，听取社会各界和行政管理相对人的意见，让立法能够充分反映民意、凝聚民智。

——继续推动重点领域立法。紧紧围绕省委、省政府中心工作，特别关注《安徽省五大发展行动计划》，着力在促进经济发展、创新社会治理、保障改善民生、保护生态环境和加强政府自身建设等领域开展立法工作，全年提请省人大常委会制定、修改地方性法规18件，制定、修改、废止省政府规章29件，较往年数据有较大的提升。如在全国率先制定《安徽省互联网政务服务办法》，从制度层面保障互联网与政务服务深度融合，促进部门间信息共享，为打造全省“四最”营商环境提供了有力的法制保障。

——深入推动省政府文件清理工作。2017年是安徽省政府文件全面清理工作实施的第二年，根据工作计划，需要对1952年安徽省政府成立以来的省政府规范性文件进行全面清理，共梳理文件10万余件，宣布失效2554件，全面完成了文件清理工作。尤其是针对涉及“放管服”改革、生态文明和环境保护方面的地方性法规、规章和规范性文件，优先进行了梳理工作，并修改省政府规章11件、废止9件，提请省人大常委会修改地方性法规12件、废止1件。

——加强规章和规范性文件审查。安徽省在深入推进立法工作的同时，始终注重履行对规章和规范性文件审查职责，为全省各级政府立法活动提供了有力的监督。全年共备案登记省政府各部门、各设区市、省直管县报送备案的规章和规范性文件653件。对11件公民、法人和其他组织提出的异议申请提出审查意见。

二、清单编制工作

自2015年安徽省开展政府权力清单编制工作以来，从最基本的权力清单、责任清单、涉企收费清单三个清单制度的全面覆盖，到“3+2”清单制度体系的建设，目前已经初步完成了清单编制工作，并建立起一套较为完备的工作制度。2017年关于清单编制工作，主要以优化完善为主。

——深入优化和精简权力清单。在深入推进“放管服”改革的背景下，着重将优化政府权力清单的工作重心放在精简上。公布施行省级政府权责清单目录（2017年），对省直33家单位476项权责事项进行调整规范，对省级政府行政权力事项进一步精简，权力事项再减少186项，省级政府权责事项保留1513项。

——推广试点工作成果。总结2016年省级6部门和6市6县关于“3+2”清单制度体系建设试点工作实施情况，将具有安徽特色的政府清单制度予以全面推广。如在贯彻落实国务院第三批清理规范国务院部门行政审批中介服务事项和国务院审改办等部门取消25项中央指定地方实施的行政审批中介服务，并以此为契机清理、规范省级行政权力中介服务事项，全面推进市县中介服务清单建设，实现行政权力中介服务清单省市县三级全覆盖。再如全面推行省市县乡公共服务清单建设，实现了公共服务清单省市县乡四级全覆盖。

三、依法决策工作

行政决策是行政行为的起点，也是法治安徽建设的重点。2017年安徽省全面推进行政决策法治化进程，以制度的力量保障决策的科学化民主化。

——加强合法性审查工作。行政决策的合法性是依法决策的优先保障内容。安徽省在2015年出台的《推进重大事项合法性审查机制全覆盖工作方案》、2016年出台的《安徽省人民政府重大事项合法性审查程序规定》的基础上，制定出台了《安徽省人民政府办公厅关于进一步规范省政府重大事项合法性审查办理工作的通知》，并以此为基础建立合法性审查清单制度，进一步明确了审查范围，优化了审查流程，并对审查事项送审、办理时限、意见反馈、审查责任作了具体规定。省政府本级全年合法性审查重大事项1199件，提出法律意见和建议810余条。

——加强决策的民主化。制定出台了《安徽省人民政府办公厅关于印发安徽省人民政府重大行政决策公众参与程序规定的通知》，对公众参与重大行政决策的适用范围、结果应用、考核监督等作出具体规定，进一步明确了决策前、决策中、决策后公众参与的形式要求和操作规程，推进了政府重大决策的民主化进程。如省政府常务会议在审议《安徽省历史文化名城名镇名村保护办法（草案）》《安徽省医疗纠纷预防和处置办法（草案）》等4项涉及民生的重大决策事项时，主动邀请利益相关方代表、公众代表、专家和媒体代表列席会议。重大行政决策公众参与制度的建立健全，拓宽了公民表达意见和参与决策的渠道，进一步提高了决策质量。

——完善风险评估机制。制定出台了《安徽省人民政府关于印发重大决策风险评估办法的通知》，进一步明确了重大决策风险评估的范围、实施主体、评估程序、评估内容、评估结果运用及责任追究机制。如在“十三五”规划编制、引江济淮工程建设等重大决策过程中，广泛深入地进行调查研究，多次召开论证会，开展重大决策风险评估，有效推进了行政决策的法治化、科学化、民主化。同时印发《关于做好政府系统公职律师证书申办和公职律师使用管理工作的通知》，完善公职律师管理制度，推进政府系统公职律师全覆盖，提高了政府决策风险评估的全面性。省、市、县、乡四级公职律师队伍基本建立，首批802名公职律师证书申领发放工作顺利完成。

四、行政服务工作

2017年是深入推进政府“放管服”改革的重要一年，政府服务工作全方面改革升级以适应简政放权后的政府职能变化，有效提高工作效率。

——深化行政审批制度改革。在已有两批国务院取消中央指定地方实施行政审批工作经验的前提下，安徽省圆满完成了国务院第三批取消中央指定地方实施行政许可事项的贯彻落实工作，按照“四个一律、两个全程”的要求，对应取消省级实施的权责事项20项、市县实施的权责事项12项。提升审批服务的便民性，推行群众办事“最多跑一次”，省政务服务中心推出群众办事“最多跑一次”事项清单1232项，进驻中心的省直部门中有20家实现“最多跑一次”事项全覆盖。部分县也开展相对集中的行政许可权改革试点，将县直部门的所有行政审批权交由行政审批局统一行使，实行“一窗受理、合并审查、集约审批、一站办理”，审批效率大幅提高。另外，继续深入推动政务服务标准化，制定涵盖行政审批服务各个环节的政务服务标准2313项，有效提高了行政审批效能，极大地方便办事群众，同时也有利于行政审批监管。

——“互联网+政务服务”全面推进。在2015年与2016年政务服务中心以及统一信息中心的基础上，全面推进政务服务的统一申请、统一受理、集中办理、统一反馈和全流程监督，覆盖57个省直部门和16个设区市的安徽政务服务网全面上线试运行。在推进政务服务事项标准化建设的背景下，全面完成省市县乡四级行政许可事项目录清单、省级其他依申请类权力事项目录清单和省市两级公共服务事项目录清单编审发布工作，编制省市县乡四级行政许可事项371项、省市两级公共服务事项851项、省级其他依申请类权力事项462项，保证了同一事项在纵向不同层级、横向不同区域间名称、类型、依据等要素的统一。

——规范投融资体制改革。进一步规范企业投资项目管理，制定出台了《安徽省地方政府核准的投资项目目录（2016年）》《安徽省企业投资项目核准和备案管理实施办法》，最大限度减少核准事项。积极推进在线审批平台应用，规范平台运行管理，并与安徽政务服务网链接，实现数据资源共享。

五、行政执法工作

行政执法因其是政府对接社会的重要手段，因此成为法治政府建设的另一重点内容。在“放管服”的大背景下，结合先前相对集中的行政执法工作基础，着力深化行政执法体制改革，严格规范执法行为，做到公正文明执法。

——继续深化相对集中的行政执法工作。2015年，安徽省开始探索拓展相对集中的行政处罚权试点工作，相对集中的行政执法工作框架初步建立；2016年，在有条件的县（市、区）建立综合执法部门，行政执法权开始集中化、规范化，执法效率得到明显的提升；2017年，在先前工作的基础上，结合“放管服”改革的部署安排，扎实开展基层行政管理体制改革，如肥西县花岗镇、长丰县下塘镇等经济发达镇，接受来自县直部门的部分行政处罚权，由镇政府统一行使，取得了良好的效果。同时针对长期以来城管“定位不明，权责不清”的问题，结合相对集中的行政处罚工作要求，积极推进城管执法体制改革。16个设区市、61个县（市、区）均出台了改革实施方案，完成了机构的综合设置，实现城管领域行政处罚权集中行使和在编在职执法人员统一着装。通过开展城管执法体制改革，并结合数字化监管平台的建成运行，城市管理执法水平进一步提升，城管队伍建设进入新的阶段。

——开展重大行政执法决定法制审核试点工作。安徽省2017年继续强力推进严格规范执法，在2016年通过《安徽省重大行政执法决定法制审核规定》的基础上，继续深入推进相关工作，成立了相关工作指导小组，强化对市县试点工作的指导，并且制定相关工作方案，为全省的试点工作开展提供了有力支持。同时深入推进工作部署，全省各级行政执法机关普遍建立重大执法决定法制审核制度，制定并颁布了重大执法决定法制审核目录清单，并以该清单为基础构建相关审核制度，及时纠正一批违法或者不当的行政执法行为，执法质量明显提高。

——加强执法人员业务培训。出台了《安徽省行政执法人员管理办法》(省政府令第273号),对行政执法人员的资格管理、教育培训、考核考评等作出具体规定,为打造一支高素质、高水平的执法队伍提供了有效的制度保障。同时在对执法人员的考核方面开始采用计算机考试的方式,不仅节省了人力、物力,也在一定程度上避免了人为因素对考试的干扰。就省直机关的统计数据而言,全年举办两期省直机关行政执法人员通用法律知识培训班,37个省直部门的600多名行政执法人员参加了培训测试,培训、测试密集度以及业务水平的提升均是有目共睹的。

六、行政救济工作

行政救济是行政机关纠正错误的基本手段,主要包含行政复议和信访两方面。安徽省2017年积极开展行政复议和信访工作,有效化解社会矛盾,政府公信力不断提升。

——依法办理行政复议案件。2017年,全省各级行政复议机关共收到行政复议申请7711件,受理7306件,审结6832件。通过撤销、变更、确认违法、责令限期履职等方式直接纠错1587件,通过调解、和解结案312件,综合纠错率27.8%。其中,省政府收到行政复议申请605件,受理584件,审结522件,直接纠错112件,间接纠错51件,综合纠错率31.22%。同时,加大行政复议案件的审查力度,一方面注重现场勘察,坚持实地调查核实确认,严把案件“事实关”;另一方面对于重大案件坚持合法、合理、合情办案,采取集体讨论、专家论证相结合的审理方式,对重大复杂案件进行研究论证，严把案件“法律关”。

——持续深化信访工作体制改革。2017年，安徽省全面实施化解信访积案专项行动，1186件国家信访局挂牌积案已全部化解，2354件省挂牌积案已化解2337件，化解率99.3%。积极开展矛盾纠纷排查工作，认真落实村（社区）日排查、乡镇（街道）周排查、县（市、区）月排查制度，早发现早解决，积极有效地将矛盾化解在基层。全面启动市县依法分类处理信访诉求机制，坚持依法逐级走访，各市县制定分类处理清单并向社会公布，信访案件处理效率得到了有效提升。在全国率先建立省级党政领导干部信访工作联系点制度，市县领导干部采取开门接访、带案下访、重点约访、到联系点走访等方式，扎实有效地推动热点难点问题解决。

七、规范权力运行工作

政府权力受法律监督制约是现代法治政府的基本逻辑，其本质是做好政务监督工作。而规范权力运行的首要工作是完善政务公开制度，并以此为基础对政府权力运行进行全面有效的监督。安徽省2017年全面推进政务工作，不断强化行政监督水平，严格规范行政权力运行。

——完善行政公开机制。制定出台的《安徽省人民政府办公厅关于印发全面推进政务公开工作实施细则的通知》（皖政办〔2017〕18号），对于信息公开工作作出新的部署和安排：一方面是进一步拓展现有行政公开范围，完善政府信息发布、解读、回应机制，实现对决策、执行、管理、服务、结果五个方面的全面公开，全年全省主动公开政府信息382.2

万条，比上年增长17.94%；围绕省政府中心工作和阶段性重点工作，开设如“全创改”、供给侧结构性改革、综合医改、精准脱贫等热点专题。另一方面建立规范性文件起草过程中公开征求意见制度，通过开设专栏的方式，积极推进征集结果及采纳情况公开，不断提升政务公开实效。通过以上的工作机制，全省政务公开工作机制进一步完善，公开范围逐步拓展，公开效果日渐显著。

——接受人大、政协监督。认真办理人大代表建议和政协委员提案，全年共办理省人大代表建议755件、省政协委员提案836件，办结率均为100%，做到“件件有回音，事事有着落”。全年省政府及有关部门向省人大常委会报告工作29次，省政府多个部门主要负责人向省人大常委会作了年度述职。同时不断加强与省政协的民主协商，认真研究办理省政协建议案，完成10项重点工作协商事项、2项重点提案协商事项、7项经常性民主协商和民主监督事项。

——主动接受司法监督。重视人民法院的司法建议、检察院的检察建议。尊重并执行人民法院生效判决，2017年省政府本级办理行政应诉案件123件。深入落实自2015年以来建立起的行政机关负责人出庭应诉的规定和要求，开展行政机关负责人出庭应诉情况专项督察，积极推进行政机关负责人出庭应诉。针对公益诉讼改革的相关要求，制定印发了《安徽省人民政府办公厅关于行政机关加强行政公益诉讼有关工作的意见》（皖政办秘〔2017〕138号），全面配合和支持公益诉讼工作。

——自觉接受社会监督。社会监督是行政权力监督的重点，安徽省不断拓宽社会监督渠道，持续加大社会监督力度，政府公信力得到有效提升。首先是提升省长热线办理质量，积极拓展省长热线网上办理业务系统覆盖范围，全年办结率达到100%，群众满意率超过90%，一大批事关人民群众切身利益的突出问题得到有效解决。其次是借助2016年建成的各市、县（市、区）政务微博微信系统，不断强化互动和服务功能，放开微博评论、私信以及微信留言功能，认真办理社会各项咨询诉求。最后是强化政府门户网站功能建设，认真办理人民网网友给省长留言3233件，回复率达97.3%。“省长信箱”实现全程电子化流转办理，通过电子化“一站式”受理、办理、回复网民信件10218件，办理效率和群众满意度显著提高。

八、队伍建设工作

法治政府建设需要知法懂法用法的人才队伍，2017年安徽省通过全面加强组织领导，强化法治教育，着力培养一支执法为民、清正廉洁的行政队伍，法治政府建设扎实推进。

——全面部署队伍建设工作。安徽省高度重视队伍建设工作，2017年年初即着手部署安排，召开省推进依法行政工作领导小组第九次会议，全面总结2016年度依法行政工作，研究部署2017年度依法行政工作。在全年的工作进程中，积极开展政府法制工作省市县“三级大调研”活动，全面了解掌握政府法制工作状况，分析制约政府法制工作的突出矛盾和问题，提出解决问题的意见和建议。

——持续加强内部监督工作。安徽省高度重视廉政建设，认真巩固“两学一做”学习教育成果，持续提升政府系统从严管党治党水平，认真履行党风廉政建设，努力纠正“四风”，着力营造风清气正的政治生态和良好氛围。同时完善政府内部层级监督体系，对财政资金分配使用、国有资产监管、政府投资、政府采购、公共资源转让、公共工程建设等权力集中部门和岗位实行分事行权、分岗设权、分级授权、定期轮岗，强化内部流程控制，防止权力滥用。另外，配套相关的政府审计制度，全方位独立开展审计工作，将所有公共资金、国有资产、国有资源和领导干部履行经济责任情况纳入审计监督范围，加大对被审计单位依法行政情况审计力度，全省审计机关审计和专项审计调查5450个单位，共查出违规问题金额188.06亿元。

——加强法治素养教育工作。把法治教育纳入新一轮《安徽省干部教育培训规划》，列入公务员初任培训、任职培训、专题培训计划，列入各级党校、行政学院、公务员培训机构和“三学院两基地”教学课程。省委组织部将依法行政内容作为必修课程，纳入其主办的14期专题培训班、4个境外培训班、169个班次集中调学的教学内容。在2015年依法行政考核、2016年加强领导干部法治培训工作的基础上，2017年开展全方位的法治教育考试工作。安徽干部教育在线平台开展全省行政机关公务员学法用法考试，近15万名行政机关公务员、参公事业单位工作人员参考，实现了全省公务员群体全覆盖。坚持对提请人大常委会决定的任命干部进行任前法律知识考试。通过以上一系列的法治教育工作，全省行政机关人员队伍的法治水平得到了明显提升。

九、普法宣传工作

在经历了2016年一整年的普法宣传工作后，2017年是巩固原有宣传效果并深入开展普法工作的关键一年，全省加强各项普法宣传工作部署，深入群众开展各项普法活动，取得了良好的普法宣传效果。

——构建全面普法宣传媒体。出台《关于加强媒体公益普法宣传的意见》，充分利用报纸、刊物、广播、电视、门户网站、微博、微信、手机报等各类载体，持续深入开展依法行政宣传教育，重点宣传以宪法为核心的中国特色社会主义法律体系、与安徽经济社会发展和群众生产生活密切相关的法律法规，以及立法、执法、司法、守法、法律监督、法律服务和保障等法治实践内容，大力弘扬社会主义法治精神，切实增强全民法治意识和法治素养。在保障原有的普法平台的同时，积极开拓新的普法领域，如2017年10月，全省126个普法政务网易号集体入驻，是安徽省在开通普法微博、微信、头条号和一点号平台之后，又一个倾力打造的全新新媒体普法阵地；再如全年编发《政府法制建设》杂志7期、《安徽法制》手机报50期，积极宣传法治政府建设的新经验。通过全方位的法治宣传教育，极大增强了政府工作人员和社会公众的法治意识，营造了良好法治氛围。

——深入打造普法安徽品牌。充分利用“12·4”宪法宣传日、“江淮普法行”等具有安徽特色的普法品牌，深入开展法治讲座、法律咨询、赠送法律书籍等活动，掀起法治宣传热潮，扩大宣传教育效果。同时积极开发新的普法品牌，如开展安徽省首届“十大法治人物”暨第二届“十大法治事件”评选宣传活动，通过在全省树立法治典型，弘扬法治精神，传递法治力量，提升公民的法治意识和法治观念；再如成立安徽省“法润江淮”普法志愿者总队，在六五普法期间成立的普法讲师团和普法志愿者的基础上，进一步强化队伍建设，开拓新的普法局面。新的普法活动以及普法队伍的扩大，对安徽普法品牌的推广提供了巨大的助力。

审判工作

2017年安徽全省各级法院共受理案件1053349件，案件量历史性突破百万件，当场登记立案率达97.2%，网上登记立案率达32.5%，一审案件简易程序适用率达69.1%，生效裁判服判息诉率保持在99%以上，涉诉进京访年均递减38.7%，“遇事找法、化解矛盾靠法”氛围已经形成，全省法院各项工作实现新跨越。

一、服务平安安徽建设

2017年全省法院坚持“保稳定、护安全、促和谐”的工作方针，秉承宽严相济的刑事政策，以实现百姓期盼的社会安稳，国家需求的长治久安。全年各级法院共审结各类刑事案件209690件，判处罪犯252590人。

——严惩危害群众生命财产安全犯罪。审结杀人、抢劫、强奸、绑架、盗窃、黑社会性质组织等犯罪案件77536件，其中故意杀人、绑架、抢劫、爆炸、强奸等严重暴力犯罪案件1319件，判处罪犯1676人，有力打击了犯罪分子的嚣张气焰。如依法对邢朝刚等67人涉黑案件[①]进行二审，芜湖市中级人民法院认为，原判认定事实清楚，证据确实、充分，定罪准确，量刑适当，审判程序合法，依法裁定驳回上诉，维持原判。再如依法审结王伟鞠故意伤害、强奸、强迫他人吸毒案[②]，判处被告人王伟鞠死刑，剥夺政治权利终身并处罚金，二审维持原判并将被告人王伟鞠的死刑裁判报送最高人民法院复核。

——依法审理危害公共安全、食品安全、毒品类犯罪。审结醉驾等危害公共安全犯罪案件53525件，切实增强人民群众安全感；积极参与禁毒专项整治，审结毒品犯罪案件11206件，坚决遏制毒品犯罪蔓延势头；审结生产销售有毒有害食品等犯罪案件670件。如依法审理被告人秦伟明贩卖、运输毒品、交通肇事、妨害作证，被告人刘燕贩卖毒品，被告人陶俊良走私、贩卖、运输毒品，被告人谷山玉、王磊、石乐贩卖、运输毒品，被告人李海军运输毒品案，这也是新中国成立以来安徽省涉毒数量最大案。通过重点打击影响范

①2016年，芜湖县人民法院通过审理认为，邢朝刚组织、领导黑社会性质组织，采取暴力、威胁等手段，有组织地进行违法犯罪活动，严重破坏社会秩序。邢朝刚是该组织的组织领导者，被告人丁广涛等12人或者在该组织中起重要作用，或者积极参与较严重的犯罪活动，作用突出，或者多次积极参与该组织的违法犯罪活动，系该组织的积极参加者；被告人李喜等30余人系该组织的一般参加者。据此，分别判处被告人邢朝刚等人有期徒刑二十年至拘役十个月，缓刑十个月不等的刑罚。宣判后，被告人提出上诉。

②2016年6月，王伟鞠驾车挟持被害人周红并意图与其发生性关系，因周红反抗，王伟鞠遂使用刀、铁扳手、烟头、胶带等工具及徒手方式，殴打、虐待周红，并限制周红人身自由数日，致使周红因全身多处软组织遭受钝性物体反复打击致创伤性休克而死亡，同时其采取殴打、持刀威胁等暴力、胁迫手段先后与张某某等多名被害人发生性关系，并强迫受害人张某某吸食毒品。

围较大危害群众生命财产安全的犯罪行为，全力保障群众生产、生活的安全环境。

——依法严惩污染环境破坏资源犯罪。全省各级法院加大对污染环境、破坏生态资源犯罪的打击力度，共受理污染环境、破坏生态资源的刑事案件628件，审结590件，判处罪犯906人，同比增长15.4%、15.2%和18.3%。其中环境污染罪53件，审结49件，判处罪犯101人，同比增长60.6%、63.3%和32.9%；非法采矿罪、非法占用农用地罪、盗伐林木罪和滥伐林木罪423件，审结394件，判处罪犯580人，同比增长13.7%、12.6%和12.8%；非法猎捕、杀害珍贵、濒危野生动物罪，非法收购、运输、出售珍贵、濒危野生动物及其制品罪，非法采伐、毁坏国家重点保护植物罪共33件，同比下降2.9%，审结31件，同比基本持平，判处罪犯48人，同比增长11.6%。如依法审理皖恒电镀公司、梁尚水非法向雨水井管网排放有毒物质污染环境案①、冯训美非法出售珍贵、濒危野生动物制品案②，有效地促进了生态环境保护工作的进行，教育

①2016年5月18日上午，皖恒电镀公司铬废水处理线上用于过滤含铬废水的超滤膜堵塞，梁尚水作为公司负责人，决定加入次氯酸钠水清洗并将清洗后的废水抽到雨水井中排放，后被前来检查的繁昌县环保局工作人员查获，制止了排放行为。经安徽海峰分析测试科技公司检测，样品属于强酸腐蚀性危险废物。繁昌县人民法院通过审理，判处被告单位皖恒电镀公司犯污染环境罪，判处罚金五万元；被告人梁尚水犯污染环境罪，判处拘役六个月，并处罚金五千元。

②2015年7月份，被告人冯训美在接受宿州市拂晓杂技动物表演团负责人王伟玲委托管理该团事务期间，该团驯养的一只狮子因患病死亡，被告人冯训美在没有办理相关手续的情况下，于2015年8月5日在宿州市埇桥区蒿沟乡濉河村大冯组47号其家中，将该死体狮子以人民币三万元的价格出售给赵磊，宿州市埇桥区人民法院通过审理，判处被告人冯训美犯非法出售珍贵、濒危野生动物制品罪，判处有期徒刑三年，缓刑五年，罚金人民币二万元。追缴被告人冯训美非法所得款人民币三万元。

引导广大群众合理利用自然资源。

——反腐工作需要持续有效推进。五年来，安徽不断加强反腐败工作，始终保持高压反腐态度。全省各级法院高度重视职务犯罪案件的审判工作，充分发挥刑事审判在惩治腐败中的职能作用，严厉打击贪污贿赂、滥用职权、失职渎职等职务犯罪，加强与纪检、检察机关的协作配合。在全国率先出台贪污受贿案件量刑意见，累计审理贪污贿赂等犯罪案件6180件，其中原为厅级以上干部职务犯罪案件50件、原为处级干部职务犯罪案件423件，切实推动反腐败斗争深入开展。陈安众、徐钢、张苏洲、方西屏、江山等一批腐败分子依法受到严惩。累计审结“房叔”方广云、“小官巨腐”刘大伟等贪污、挪用征地拆迁补偿款、扶贫资金等犯罪案件754件，童刚贪污、职务侵占案入选中央纪委“群众身边的不正之风和腐败问题”十起典型案例。坚持受贿行贿一起打击，审结行贿案件1119件。坚决依法对张松坚等51名拒不认罪悔罪的罪犯不予减刑、假释，坚决依法加大对职务犯罪的经济制裁力度，对2922名罪犯处以罚金、没收财产。

——重点打击破坏市场经济秩序犯罪。依法惩处非法集资、合同诈骗、虚开增值税专用发票、制造贩卖假币等严重破坏社会主义市场经济秩序犯罪，审结该类犯罪案件1589件，切实维护市场秩序。尤为关注的是2017年安徽法院针对现阶段经济类犯罪与网络犯罪易结合的特点，突出打击电信网络犯罪，共审结各类电信网络犯罪案件3137件。依法打击网上造谣、赌博、贩毒、传播淫秽物品等犯罪，营造清朗的网络空间。依法惩治网上非法买卖公民信息犯罪，让大数据时代个人信息安全得到有效保障。严惩群众深恶痛绝的网上诈骗、传销、非法集资等犯罪，决不让互联网成为法外之地。如依法审理李东彪、陈云剑、陈波、唐子安、邓治常、陈玉兵、陈陈、邓永飞、农锦慧、秦玉姣、刘慧诈骗案[1]，这是情节特别严重的新型网络诈骗犯罪集团，巢湖市人民法院经过审理分别判处被告人李东彪等人有期徒刑十年、并处罚金十万元至有期徒刑一年五个月、并处罚金人民币四千元不等的刑罚，省高院二审维持原判。

——依法审理家庭暴力、校园暴力、暴力伤医等犯罪。近五年来，安徽省积极推进社会治安防控体系建设，强化与公安等部门的配合，严厉打击黄赌毒黑拐骗等违法犯罪，严厉打击涉医犯罪，维护正常医疗秩序，如彩春锋[2]等故意杀害

①被告人李东彪利用他人身份证件先后于2014年7月2日注册成立桂林淘客网络科技有限公司，2015年3月16日注册成立临桂商派网络科技有限公司，2015年11月25日注册成立桂林惟思网络科技有限公司，上述公司由李东彪实际控制。李东彪陆续聘用被告人陈云剑、陈波、邓治常、陈陈、陈玉兵、邓永飞、农锦慧、秦玉姣、刘慧、唐子安等人为售前及货源客服人员。陈云剑、陈波担任组长，负责公司员工面试、培训及管理等工作。李东彪、陈云剑、陈波、唐子安、邓治常、陈玉兵、陈陈、邓永飞、农锦慧、秦玉姣、刘慧等人利用QQ、阿里旺旺等聊天工具向淘宝商家谎称可以代刷信誉、提供货源，并编造点击量不够、需要保证金和运作资金等理由向51人实施诈骗，犯罪数额达到448426元。

②2012年11月6日，彩春锋因患有肾结石到安医大二附院住院治疗。在接受术前皮试等后感觉身体不适，遂拒绝接受手术治疗。出院后，彩春锋感觉身体越来越差，便对该院医护人员产生猜疑报复心理。同年11月13日，彩春锋持刀来到安医大二附院，在住院部北楼看到护士长戴某某后，拿出菜刀向戴某某颈部连砍两刀。随后，又持刀追砍另一名护士，砍伤前来制止其行凶的三名医护人员。戴某某经抢救无效死亡，三名医护人员轻伤，一名医护人员轻微伤。2013年4月，经上海市精神卫生中心司法鉴定所鉴定，彩春锋患有偏执性精神障碍，作案时具有限制刑事责任能力。2013年12月，合肥中院一审以故意杀人罪判处彩春锋无期徒刑，剥夺政治权利终身。省高院二审维持原判。

医护人员的罪犯依法得到惩处，“12·20”网络传播淫秽物品案入选全国“扫黄打非”十大案件。加强与妇联的联动，健全妇女儿童权益保护网络，健全反家暴联动机制，发出反家暴人身安全保护令206份，审理如砀山虐童案[①]的撤销监护权案件，有力推动了未成年保护制度的建设。加大与共青团的协作，围绕保护留守儿童权益、防控校园暴力等，广搭法治宣传教育平台，点亮呵护青少年健康成长的法治明灯。全省法院47个集体被命名为全国、全省“妇女儿童维权岗”“青少年维权岗”。

——加强人权司法保障。坚持证据裁判、疑罪从无的原则，对99名公诉案件被告人和95名自诉案件被告人依法宣告无罪。认真落实习近平主席特赦令和全国人大常委会决定，依法裁定特赦服刑罪犯1160人，彰显人道主义精神。依法保障被告人、被害人各项诉讼权利，通知法律援助机构为被告人指派辩护律师34222人次。审结国家赔偿案件643件，保障权益受到侵害的当事人依法获得赔偿。

二、促进社会经济发展

2017年，安徽各级法院始终聚焦中心、服务大局，始终牢记“人民对美好生活的向往，就是我们的奋斗目标”，积极运用司法手段保障和改善民生，促进经济持续稳定发展。出

①2015年8—10月，刘某、汪某在管教刘某女儿小武的过程中，多次殴打、虐待小武，致小武身体多处受伤，砀山县人民法院经过审理，以故意伤害罪判处刘某、汪某有期徒刑二年零四个月和二年零二个月。与此同时，2016年7月，砀山县法院对女童生父武某申请撤销生母刘某监护人资格一案作出判决，撤销刘某对小武的监护人资格，由武某对小武承担监护职责。

台保障“一带一路”建设、五大发展行动计划实施等工作意见9个，制定涉金融、房地产、民间借贷、破产等审判工作意见28个，做到重大战略有所需，司法保障有所应。就审判大数据折射的中小企业融资、“三农”发展等问题提出对策建议3071项，得到省委和最高人民法院的充分肯定。全年共审结民商事案件2120599件，标的额6221.3亿元；审结行政案件41850件。

——促进经济结构改革。依法审理涉国有企业兼并重组案件，助力国企改革顺利推进。审结破产案件397件，创新房企破产和解、重整模式，维护了近8000名购房户、拆迁户的合法权益。如重整计划盘活阳光半岛文化发展有限公司，大量农民工的报酬问题得以有效化解，数千购房户的切身利益得到切实维护，债权人的债权将获得百分之百地清偿，既盘活了项目本身的优质资源，亦挽救了极具发展潜力与前景的企业。再如依法对宣城大唐公司破产重整①，第一批债权人按照计划清偿完毕。坚持房子是用来住的、不是用来炒的，审结房地产案件89759件，依法规范房地产市场秩序。审结金融、保险、电子商务等领域案件215894件，促进新兴业态健康发展。审结土地承包经营权流转等案件6084件，支持农村产权制度改革。审结涉军案件1845件，稳妥处理涉军队全

①宣城大唐公司因不能清偿到期债务且资产不足以清偿全部债务，向宣城中院申请破产重整，2015年12月，宣城中院裁定受理大唐公司破产重整申请。案件涉及拆迁安置户5200余户，其他购房户2000余户，重整开发资金需50.7亿元。因无投资方接盘，宣城中院建议政府成立国有公司，以受托经营的方式完成后续开发建设，并据此制定重整计划草案。2017年3月，宣城中院裁定批准重整计划，终止重整程序，进入重整执行阶段。

面停止有偿服务案件，服务改革强军，涉军维权“鄂豫皖模式”[①]被最高法院写入向全国人民代表大会所作的工作报告。加强产权保护，审结涉民营企业案件107697件，为民营企业提供平等的司法保护，促进非公有制经济健康发展。

——助力创新驱动发展。审结商标、专利、不正当竞争等纠纷案件15896件，制裁侵权违约，激发创新活力。积极推进知识产权“三合一”审判工作，在党的十八届三中全会关于探索成立知识产权法院的决策号召下，成立合肥知识产权法庭，突出加强对基础前沿、关键核心技术领域知识产权司法保护。依法审理侵犯耐克、斯伯丁等国际品牌商标权案件[②]，向国际社会充分彰显我国司法保护知识产权的主导作用，彰显安徽省创新发展的良好环境，美国驻上海总领事馆总领事专程来皖致谢，该案在首届“中国法院知识产权司法

①全省法院坚持“诉内维权、诉外服务”，建立军地协作互动、立体化平台保护、服务对象拓展、优先救助救济等多项工作机制，为依法治军、改革强军提供有力司法服务和保障。最高法院将湖北、河南、安徽法院涉军维权工作经验统称为涉军维权“鄂豫皖模式”，并向全国法院推广。

②2010年至2015年间，沈靓先后在蚌埠市郊区租赁厂房生产假冒“耐克”“斯伯丁”“NBA”“阿迪达斯”等品牌篮球；通过物流运输向多地买家销售假冒上述品牌篮球，金额共计130万余元；同时利用在淘宝网注册的鼎盛户外运动等4家网店，销售假冒“斯伯丁”等品牌篮球金额共计70万余元。杜文龙为沈靓负责生产假冒品牌篮球，并联系下线买家通过物流对外发货销售。周锋元等人先后从沈靓处购进价值6万余元假冒“耐克”篮球对外销售。2016年5月，蚌埠市禹会区法院以假冒注册商标罪、销售假冒注册商标的商品罪、销售非法制造的注册商标标识罪依法分别判处沈靓等人有期徒刑三年零八个月至十一个月不等，并处罚金130万元至6.5万元不等。蚌埠中院二审维持原判。该案在2017年举办的首届“中国法院知识产权司法保护成就展”中展出，受到最高法院院长周强的高度肯定。2017年10月，美国驻上海总领事馆总领事谭森专程来皖感谢，高度赞誉安徽省法院依法公平公正保护知识产权，坚定了美国企业在华投资的信心，并代表美国专利商标局赠送证书。

保护成就展”中展出。累计审结涉外、涉港澳台案件1520件，办理司法协助案件812件，服务保障对外开放。

——协调经济绿色发展。全省126个法院全部设立环境资源审判庭或合议庭，在A级景区全覆盖设立旅游法庭、旅游巡回法庭，至2017年末，累计审结环境资源、旅游纠纷民事案件10805件，有效促进人与自然和谐共生。如依法审理周绍辉等56人诉安徽舒美特纤维股份有限公司环境污染责任纠纷案等一批污染责任纠纷案，全面维护人民群众的环境资源民事权利。2017年全年共受理各类环境资源行政案件1364件，审结1151件，同比分别增长19%、23.3%。其中，涉环境保护行政管理案件73件，审结64件，同比分别增长65.9%、68.4%；涉土地、地矿、林业等资源类行政管理案件1291件，审结1087件，同比分别增长17.2%、28.6%。依法支持行政机关履行环保监管职能，制裁环境污染行为，保障人民群众的环境保护知情权和监督权，回应群众对“青山绿水蓝天”的期待。共受理环境资源公益诉讼案件80件，审结61件，结案率76.3%。其中社会组织提起的民事公益诉讼7件，审结2件；检察机关提起的民事公益诉讼17件（含刑附民公益诉讼4件），审结10件；检察机关提起的行政公益诉讼56件，审结49件。

——重点保障改善民生。审结教育就业、社会保障、人身损害赔偿等案件279706件，审结劳动争议、拖欠农民工工资案件95713件，追索劳动报酬2.4亿元，着力解决群众最关心最直接最现实的利益问题。加强消费者权益保护，依法审理实木桌椅案[①]等一系列消费者维权案件，有效保障了消费者的合法权益。依法审理网络约车、网络购物、共享单车等新类型案件，强化互联网领域合法权益的保护。制定10项细化措施，审结扶贫领域案件40789件，促进精准扶贫、精准脱贫。完善司法救助机制，为困难当事人缓减免诉讼费2.7亿元，发放救助金1.3亿元，传递社会主义司法的温暖。

——盘活农村土地资源。农村土地是农民的立命之本、农村经济的命脉、农业发展的根本，处理好农村土地纠纷问题是农村经济发展的内在要求。安徽省高院制定下发《关于审理农村土地承包经营权和宅基地使用权流转纠纷案件的纪要》，指导各级法院正确审理农村土地承包经营权和宅基地使用权流转纠纷案件，依法推进农村土地承包经营权的“三权分置”，促进全省农村土地有序流转。制定下发《关于充分发挥审判职能作用助推农村集体产权制度改革的意见》，在司法层面上保障农村集体产权制度改革稳步推进。全年受理涉农土地案件3181件，审结2845件，依法维护农民土地承包权、经营权和集体经济组织土地所有权等各项权益，盘活农村土地资源，促进新农村建设和农业健康发展。

①2015年12月27日，杨某在深圳市德加电子商务有限公司经营的德加品牌旗舰店上购买“德加高端美式乡村全实木餐桌椅组合”一套(一桌四椅)，购买价为10899元。2016年1月5日，杨某收到餐桌椅，发现包装箱内的产品合格证和使用说明书均为深圳市名仕欧瑞家具有限公司生产的欧瑞家具。法院经过审理认定深圳德加公司向杨某销售商品时，未如实告知商品品牌、尺寸、局部细节等信息，所售商品与订单内容不符，其行为应构成欺诈，判决深圳市德加电子商务有限公司向杨某退还购物款10899元，并赔偿32697元；杨某返还“欧瑞家具”商标组合餐桌椅一套。

三、坚持司法服务创新

安徽省在“司法为民”的要求下，结合近五年的司法创新实践，回应多元化的社会需求，并结合司法现实中存在的问题与司法审判、执行中的先进经验，总结出具有特色省情的安徽司法模式，用以打通司法服务的“最后一公里”。

——推进司法便民建设。司法便民是司法创新的重要源泉，安徽法院结合五年便民服务创新经验，建立、落实一系列便民制度，真正给予群众以便利。

首先是推进诉讼服务中心一体化建设。立足大服务、大平台、大辐射定位，2015年即在全国率先建成覆盖三级法院的标准化诉讼服务中心，建设面积达12.2万平方米，把最好的场所、最大的空间留给群众。将分散在后台的30余项诉讼服务全部集中到前台，当事人可以在诉讼服务中心办理除庭审以外的所有诉讼事项。

其次是搭建诉讼服务大厅、诉讼服务网、12368诉讼服务热线三位一体综合性服务平台，实现网上网下、线上线下功能互通，为当事人提供个性化服务。设立1044个诉讼服务工作站、诉讼服务联系点，实现诉讼服务向乡镇、社区、厂矿企业延伸，大大减轻了群众的“问累”“诉累”“跑累”。

再次是建成“两庭”项目117个，总规模达91.5万平方米。同步融入信息技术、法治文化、便民服务设施，将“两庭”打造成展示公平正义、传播法治精神的窗口。凤阳县小岗法庭作为全国唯一一个设在村里的人民法庭，实现与最高法院信息数据的即时互联互通。在农忙季节设立时令法庭等特色法庭，在山区、老区推广移动背包科技法庭，自主研发并统一配备集开庭审判、执行指挥、法治宣传于一体的多功能综合执法车，让“流动的人民法庭”最大限度地满足人民群众的诉讼需求。

最后是法院系统的信息化建设。信息化建设连续三年入选安徽省信息化十大事件。现已建成覆盖三级法院的数据中心、数字法庭、“审务云”平台，推广运用庭审语音识别、类案智能推送、电子卷宗随案生成，大大提高了审判效率。在全国率先建成与检察机关、监狱系统跨界融合、全面对接的减刑假释信息化办案平台，开展跨省、跨部门同步视频庭审，实现数据运用最大公约数。让数据多跑路，让群众少跑腿、不跑腿，网上接收立案46万余件，远程视频调解案件2243件、接访555件次，律师网上服务平台访问量达23万余人次。推广应用虚拟导诉员、3D寻路系统，自主研发的智能导诉机器人“小雨”亮相国家“砥砺奋进的五年”大型成就展。

——加快执行攻坚步伐。在省委领导下，形成全省综合治理执行难工作格局，全力推进破解执行难题。共受理执行案件758444件，执结715640件，标的额4566.3亿元。执行规范化水平明显提升，坚持刀刃向内，深入整治消极执行、选择性执行等行为，建成全省统一的执行指挥中心，统一配备单兵系统，实现执行工作全程留痕、全程监控。执行模式全面向信息化转变，建成覆盖全省150家金融机构，并与国土、房产等部门对接的网络执行查控体系，破解查人找物难题。实行网络司法拍卖，成交额123.2亿元，财产变现率大幅提升。联合惩戒失信机制进一步健全，共发布失信被执行人名单341336人次，让其在置产置业、高消费、出入境等方面“一处失信、处处受限”。凸显执行强制性，开展多种形式的执行会战、专项治理行动，严惩拒执违法犯罪，司法拘留20915人，追究刑事责任397人。

——推动社会治理共建共治共享。在全国率先出台完善矛盾纠纷多元化解机制工作意见，省级层面与12个部门、55家综治成员单位实现诉调对接，三级法院引入1039个道交、医疗、物业等特邀调解组织和4630名特邀调解员，多元化解矛盾纠纷253865件。

——深化司法公开民主。顺应互联网时代新形势，全面建成司法公开“四大平台”并投入使用，网上公布案件流程信息5675万条，生效裁判文书185万份，执行信息1480万条，互联网直播庭审5.7万次。顺应人民群众知情权、参与权新需求，126个法院全部开通微博、微信、新闻客户端，全方位发布审判执行信息；扩大人民陪审员选任范围，6202名人民陪审员参审案件512611件，参审率达89.8%。顺应社会监督新期待，主动开门邀请特约监督员、资深检察官、专家学者等评查案件23909件，并对198件差错案件依法予以纠正；联合网络媒体开展第三方评价庭审，在阳光下接受社会各界对法院工作的检视。

——营造良好法治环境。坚持诚实守信、自愿公平等原则，发挥司法裁判惩恶扬善功能。全面贯彻新修改的行政诉讼法，强化对个人权利与公共利益的一体保护。联合省发改委等有关单位，共同打击“老赖”，助力诚信安徽建设。大力弘扬社会主义核心价值观，72名法官走进央视法治栏目以案释法，建成法治教育基地96个，召开新闻发布会2816场，举办法院开放日3432次，于英生再审案等3项工作入选安徽省第一、二届十大法治事件，《较量》《夺田》等微电影荣获平安中国十大微电影、全国法院十佳微电影等奖项，讲好法治故事，传播法治正能量。

四、深化司法制度改革

安徽省2017年继续深化司法制度改革，坚决落实中央及省委决策部署，以“让人民群众看到实实在在的司法改革成效”为目标，扎实推进安徽司法制度改革进程。

——深入推进员额制改革。公开择优遴选员额法官5148名，组建以员额法官为中心的新型审判团队1668个，以案定岗定员定责。员额法官年人均办案222件，较改革前增长119.8%。入额院庭长一律编入审判团队，一律到一线办案，共审结案件537239件，占全部案件的51.2%。

——探索创新人财物省级统管。着力构建新型管理体制，实现中级、基层法院院长由省委（省委组织部）管理，全省法院编制由省级统管。创设“一处两中心”管理模式，会同省财政厅出台预算、经费资产等省级统一管理办法，在全国法院首家开发使用财物和司法行政管理信息化平台，对11家试点法院实现财物省级统管。工作重心下沉下移。加大人财物资源向基层一线汇聚倾斜力度，为基层统一招录干警3187人，通过中央政法转移支付、省级配套资金等途径为基层筹措办案和业务装备经费25.6亿元，着力解决基层案多人少、人才流失、经费不足等问题。

——推进以审判为中心的刑事诉讼制度改革。强化庭前会议功能，推动证人出庭作证，规范非法证据排除程序，充分发挥庭审在查明事实、认定证据、保护诉权、公正裁判中的决定性作用。与律师协会建立常态化互动交流机制，开展刑事案件律师辩护全覆盖试点，充分发挥律师辩护作用，促进庭审实质化。深化量刑规范化改革，适用罪名由15个增加至23个，刑种扩大至缓刑和罚金刑，涵盖基层法院90%以上的刑事案件。

——健全审判工作机制。严格落实立案登记制，做到有案必立、有诉必理。深化涉诉信访改革，畅通入口和出口，探索实行信访建议书制度，与省司法厅联合推进律师代理申诉，涉诉进京访连年下降。开展家事审判改革试点，探索实行家事审判机构、审判程序专业化，建立家事案件冷静期、心理测评干预、案后跟踪回访制度，促进家庭和睦、社会和谐。完善法律统一适用机制，强化类案指导，发布安徽法院参考性案例33篇，4篇入选最高法院指导性案例，位居中部省份第一。

——推进案件繁简分流。积极应对案件持续大幅上涨，大力实施审判提速工程，加强审判质效管理。适用小额诉讼程序审理案件140411件，适用简易程序审理案件1333256件，开展要素式庭审、令状式文书等机制创新，实现简案快审。试点建立道交纠纷“网上数据一体化处理平台”，一网办案、一键理赔。

五、加强自身建设

各级法院从对自身的教育管理监督出发，牢牢把握党和人民对高素质司法服务的要求，2017年省高院制定了多项加强队伍建设的制度措施，并严格予以落实，努力打造素质过硬的司法队伍。

——坚持党的领导。安徽省法院始终把法院工作置于党的绝对领导之下，坚决维护党中央权威和集中统一领导，始终同以习近平同志为核心的党中央保持高度一致，严格执行中央及省委重大决策部署。省高院党组每年向省委常委会报告工作，及时向省委汇报法院工作中的重大安排、重要事项，确保党的理论和路线方针政策一体一致、不折不扣贯彻落实到位。推进“两学一做”学习教育常态化制度化，扎实开展“讲重作”专题教育和专题警示教育，出台加强全省法院党建工作、意识形态工作意见，广大党员干警理想信念进一步坚定，党性修养更加坚强。依托安徽得天独厚的文化优势，积极培育以历史传承的法治文化、红色文化、创新文化、绿色文化等“四大文化”为内涵的安徽法院文化。省高院建成安徽司法陈列与廉政法治教育基地、法治文化广场、党建广场，在独山革命法庭建立红色教育基地，中级、基层法院全部建成荣誉室、陈列室等“五室”，薪火相传不忘初心，牢记使命砥砺奋进。

——推动廉政建设。严格落实党风廉政建设“两个责任”，逐级签订责任书，确保责任层层落实到位。认真执行防止干预过问案件“两个规定”和“五个严禁”，建立健全述职述廉、廉政谈话、任职回避等制度，开展司法巡查、审务督察，强化常态化监督。规范谈话函询、线索处置等机制，积极运用“四种形态”强化监督执纪。坚持无禁区、全覆盖、零容忍，严肃查处违纪违法案件191件238人，坚决清除害群之马。扎实开展党的群众路线教育实践活动，认真践行“三严三实”，严格执行中央八项规定精神及省30条，推动作风建设的各项要求在法院落地生根、形成常态。深抓实做纠正“四风”，深入整治“六难三案”，让群众感受到司法作风的新气象。改进工作效能，省高院效能建设连续多年位居省直单位前列。全面整改省委巡视组巡视反馈问题，举一反三建立18项长效机制，确保问题及时有效整改到位。

——强化业务能力。坚持业务考试、业绩考核与职业道德考评相结合，实行法官逐级遴选制度，拓宽基层法官职业成长空间。立足实践提能力，加大教育培训力度，创新开设安徽法院大讲堂、微课堂，建立基层一线、信访岗位锻炼等制度，提升化解矛盾纠纷、做好群众工作的本领。培训基层法官50283人次，提升执法办案水平和综合素质能力。全面推行智能化办案办公，引导干警懂得大数据、善用大数据，提升利用现代科技开展工作的本领。与北京大学等11家高校联合举办研修班，广泛开展执法办案“金点子”、岗位大练兵等活动，提升专业化本领。制定院庭长权责清单，建立专业法官会议和第三方评查制度，完善审判权监督制约机制，依托信息化手段实行案件网上分配、流转和监控，努力以“制度铁笼”和“数据铁笼”实现放权不放任、监督不缺位。

——主动接受监督。积极主动接受人大监督，每年一个专题，向省人大常委会报告刑事、民事、行政审判和执行、司法公开等工作，认真抓好审议意见的落实。紧紧依靠人大监督不断加强和改进工作，认真办理省十二届人大历次会议代表建议65件，及时逐一答复代表意见2601件。建立代表意见建议数据分析库，广泛汲取推动法院工作不断前行的智慧和力量。围绕代表高度关注的打击毒品犯罪、知识产权司法保护、执行、涉军维权等，广泛开展代表“芜湖行”“阜阳行”“马鞍山行”等跨区视察法院和“军队代表行”活动，累计邀请代表视察法院、旁听庭审、见证执行等43835人次。自觉接受政协民主监督，深入开展走访座谈，加强与民主党派、工商联和无党派人士的沟通联系，办结省政协委员提案56件。支持、配合检察机关依法履行法律监督职责，累计审结检察机关提起的刑事抗诉案件1157件、民事行政抗诉案件924件，改判611件。主动利用“院长信箱”“给大法官留言”等栏目，加强与新闻媒体、社会大众的沟通，主动接受社会的监督与批评。

六、安徽法院审判和执行工作情况

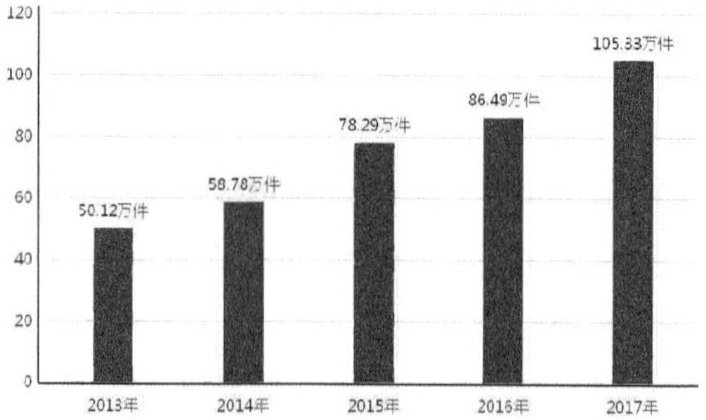

图1　2013—2017年安徽法院案件数量走势

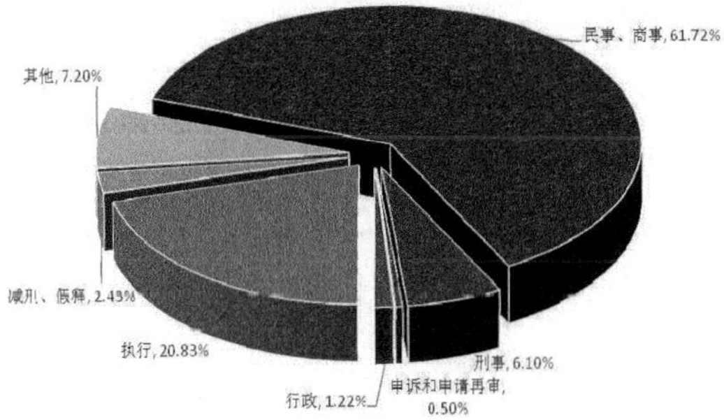

图2　2013—2017年安徽法院各类案件构成

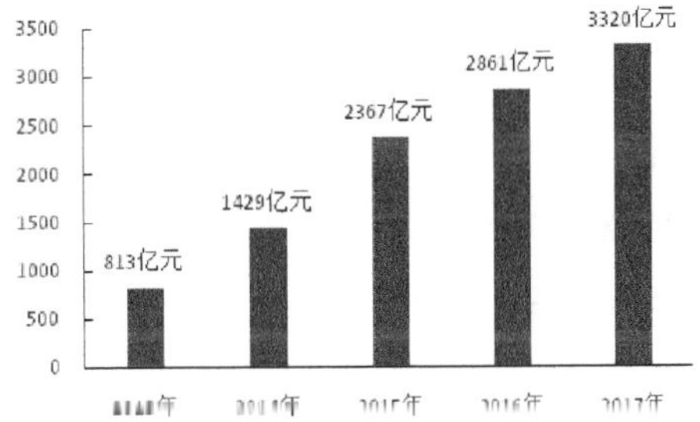

图3　2013—2017年安徽法院案件标的额走势

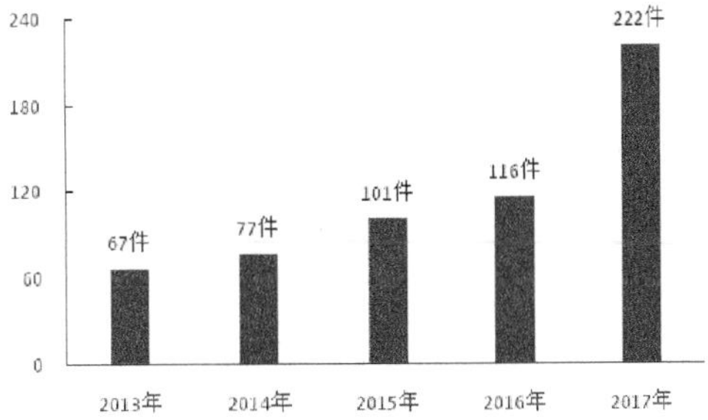

图4　2013—2017年安徽法院法官人均办案数走势

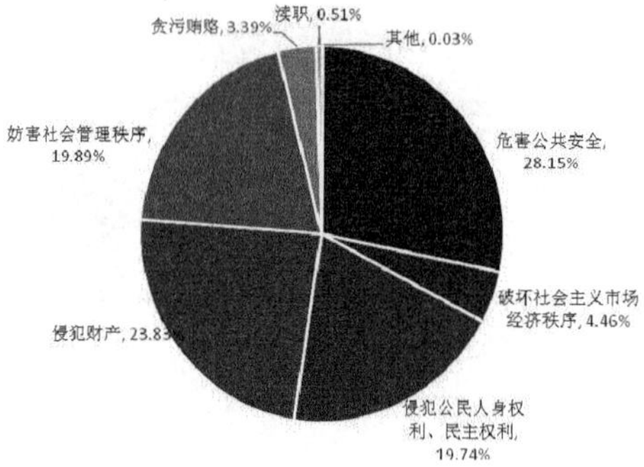

图5 2013—2017年安徽法院刑事案件构成

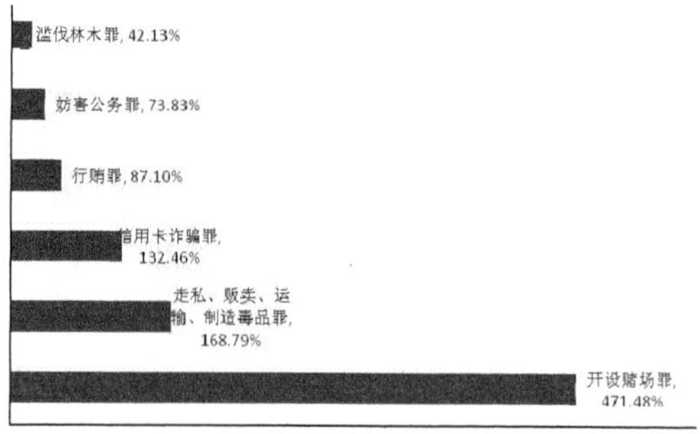

图6 2013—2017年安徽法院部分刑事案件增长情况

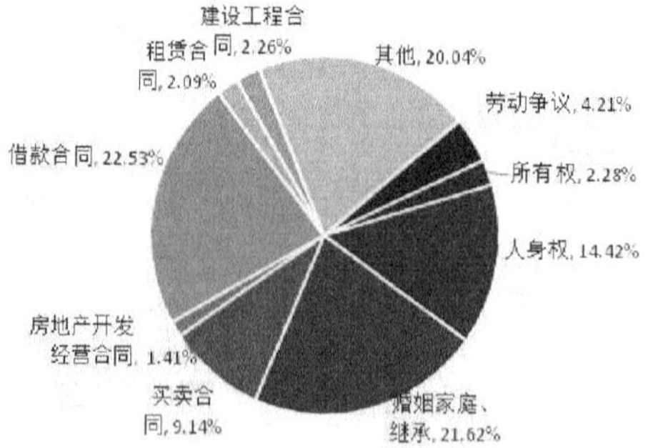

图7 2013—2017年安徽法院民商事案件构成

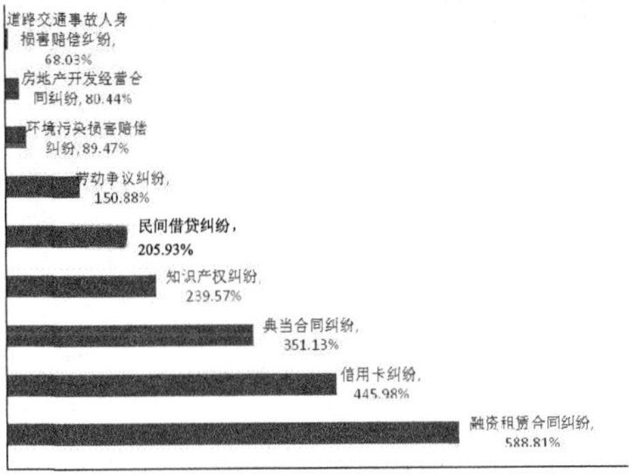

图8　2013—2017年安徽法院部分民商事案件增长情况

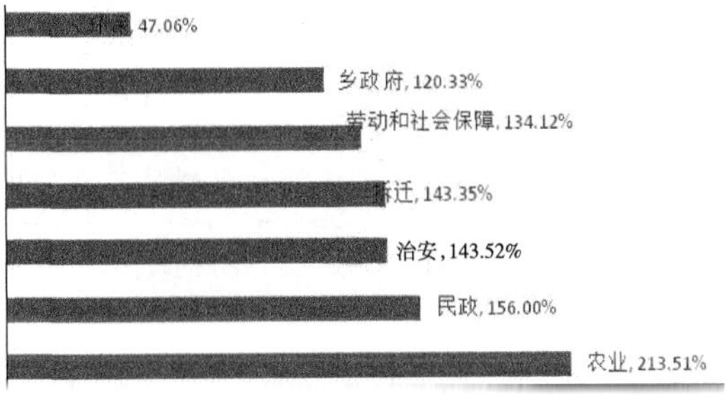

图9　2013—2017年安徽法院行政案件构成

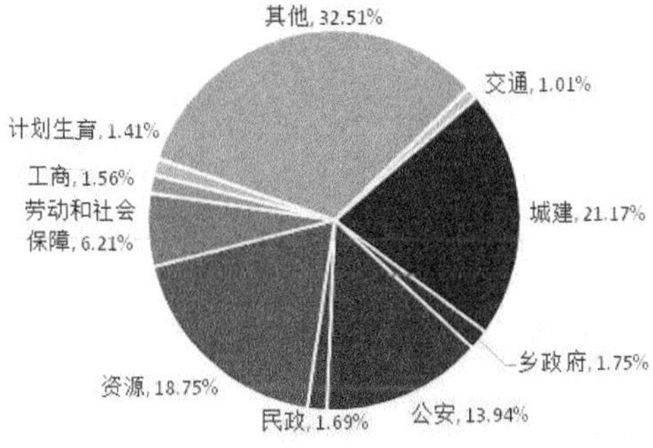

图10　2013—2017年安徽法院部分行政案件增长情况

七、2017年安徽省高院针对安徽省人大代表部分建议制定的主要文件

序号	文件题名
1	《关于加强立案监督工作的规定》
2	《关于加强人民法庭工作的指导意见》
3	《关于审理医疗纠纷案件若干问题的指导意见》
4	《关于审理劳动争议案件若干问题的指导意见》
5	《关于办理非法集资刑事案件若干问题的意见》
6	《关于进一步规范涉及企业财产保全工作的意见》
7	《全省法院进一步完善矛盾纠纷多元化解机制工作意见》
8	《关于进一步扩大刑事二审案件通知指派辩护范围的意见》
9	《关于审理道路交通事故损害赔偿纠纷案件若干问题的指导意见》

八、2017年安徽省高院出台的司法服务保障意见与司法建议

序号	文件题名
1	《关于充分发挥审判职能为五大发展提供司法保障的意见》
2	《关于充分发挥审判职能“一带一路”建设提供司法保障的意见》
3	《关于充分发挥审判职能作用为打赢脱贫攻坚战提供司法保障的意见》
4	《关于加强房地产审判服务供给侧结构性改革的意见》
5	《关于充分发挥破产审判职能为全省供给侧结构性改革提供司法保障的意见》
6	《关于防范信贷法律风险的建议》

续表

序号	文件题名
7	《关于我省农村土地承包经营权流转的建议》
8	《关于加强涉金融债权工作的建议》
9	《关于应对经济新常态推动全省经济社会发展的建议》
10	《关于依法规范农村违法建筑处理工作的建议》
11	《关于依法处置“僵尸企业”的建议》

检察工作

2017年是全省检察工作承上启下的关键一年，在过去的五年里，安徽检察事业全面跃升，各项检察工作在攻坚中实现长足发展、在改革中开创崭新局面。2012—2017年共受理各类案件519409件，同比上升40.44%，18项检察核心业务位列全国第一方阵，36项工作在检察机关全国性会议上作经验介绍；同时不断完善办案标准，确保规范执法，2017年不服检察机关处理决定申诉数、申请国家赔偿案件数分别比2012年下降84.27%、89.87%，司法公信力得到显著提升。

一、依法起诉刑事犯罪

起诉刑事犯罪是检察工作的核心和重点，努力做好本职工作，以回应人民群众最基本的期待，全力维护社会稳定与发展。

——严打重刑事犯罪。以"平安安徽"为重要目标，牢固树立国家安全观，坚决维护社会安全。出台深化平安建设指导意见，健全严重刑事犯罪常态化整治机制，从严从实从细做好维护安全和稳定工作。五年来，共批捕普通刑事犯罪嫌疑人111460人，起诉239575人，同比分别下降8.48%、上升32.36%。其中，起诉故意杀人、故意伤害等暴力犯罪31616人，同比上升15.04%；起诉盗窃、抢劫、抢夺、诈骗等多发性侵财犯罪54729人，同比上升2.19%；起诉毒品犯罪15066人，同比上升113.6%。进一步完善预防犯罪机制，主动参与乡村治理、网络治理、校园环境治理，结合执法办案，提出社会风险防控建议1361件；认真落实“谁执法谁普法”的要求，大力推进法律文书的说理和检察官以案释法，以普法促和谐，切实增强全民知法守法的意识。

——保障经济稳定发展。针对新常态下经济犯罪的新特点，加强对策研判，并加大打击力度，切实营造良好的经济发展环境。近五年来，起诉破坏社会主义市场经济秩序犯罪14149人，同比增长71.36%。如积极参与互联网金融专项整治，依法办理“e租宝”[①]、“善心汇”[②]等重大案件，起诉集资诈骗、非法吸收公众存款等涉众型经济犯罪3745人。同时着力营造良好的企业发展环境，如全面服务创新驱动战略，积极拓宽“两法衔接”平台[③]，接入“双打”专项整治[④]，共起诉侵犯知识产权犯罪1175人。再如深化国企职务犯罪专项预防工作，发出检察建议536件，促进国企规范管理；开展“非公经济人士法纪教育”“民企诚信行”等活动，推动构建

①2014年7月至2015年12月，钰诚国际控股集团下属金融网络科技有限公司上线运营“e租宝”，以高额的收益为诱饵，虚构融资租赁项目，持续采用借新还旧、自我担保等方式非法集资，造成巨额的资金损失，案件涉及北京、上海、安徽等9个省市。截至2017年12月，安徽省检察机关已经以涉嫌非法吸收公众存款等罪名批捕该案犯罪嫌疑人67人，起诉148人。

②2013年5月至2017年6月，深圳善心汇文化传播有限公司以“扶贫济困、均富共生”为名义，以高额动态收益和静态收益为诱饵，不断发展会员、吸收资金，涉嫌非法传销活动，案件涉及全国29个省、市。截至2017年12月，安徽省检察机关已批准逮捕涉及该案的犯罪嫌疑人29人。

③指为做好“行政执法”与“刑事司法”衔接工作搭建的电子信息平台。

④指打击侵犯知识产权和制售假冒伪劣商品专项整治工作的简称。

良好商业环境，保护非公企业产权，五年来共起诉职务侵占、挪用资金等犯罪1452人。另外，始终秉承“谦抑、审慎、文明”理念，做好涉企案件办理工作，慎重把握办案时机和方式方法，慎重采取强制措施，最大限度避免司法办案对企业经营带来的负面影响。

——强化司法为民服务。检察工作紧扣民生民利保障，回应群众关切，全力维护社会和谐稳定。如针对电信网络诈骗问题，会同相关部门开展专项治理，五年来共起诉1180人，依法办理了“4·14”特大跨国[①]、徐的苟[②]等56人特大跨省网络诈骗案；再如连续四年开展危害食品药品安全犯罪专项立案监督，建议行政机关移送线索401件，监督立案218件，起诉生产销售“毒包子”“脚臭盐”“问题疫苗”“问题冻肉”等危害食药安全犯罪540人。强化特殊群体司法保护，依法维护农民工权益，起诉拒不支付劳动报酬犯罪749人，办理帮助农民工讨薪的支持起诉案件377件。积极开展刑事司法救助，向生活确有困难的刑事被害人发放救助金1569万元。参与打拐专项整治和校园欺凌专项治理，组织法治巡讲进校园，推进未成年人法治教育基地和观护基地建设，起诉侵害妇女儿童人身权利犯罪6110人，61个集体被评为全国、

①2012年3月至2013年4月，董滨滨、段席良等人在柬埔寨组织针对中国公民的电信诈骗集团，以被害人所在地法院工作人员名义谎称被害人信用卡在异地透支，骗取被害人钱财，累计获利3000余万元。2013年4月，该案案发。2014年6月，该案40名犯罪嫌疑人因涉嫌诈骗罪被和县检察院依法提起公诉，法院均作有罪判决。

②2016年以来，徐的苟等人以推荐股票、炒燃料油等名义实施网络诈骗，涉案金额2000多万元。2016年7月，合肥市公安局对该案立案侦查。2017年6月，合肥市检察院依法对徐的苟等56人以涉嫌诈骗罪提起公诉。

全省“维护妇女儿童权益先进集体”“妇女维权岗”“青少年维权岗”。

——维护生态文明建设。生态强省是安徽省五大发展理念的一项重点内容。在推行公益诉讼相关试点工作的过程下，始终将强化生态检察作为工作的重心，把生态环境保护作为公益诉讼的重中之重。连续四年开展破坏环境资源犯罪专项立案监督，建议行政机关移送线索511件，监督立案306件，起诉破坏环境资源犯罪3571人。办理公益诉讼案件438件，督促整治被非法占用、污染土地1300余亩，督促治理被污染水源地2590余亩，督促清理生活垃圾、危险废物142万吨，依法索赔环境损害赔偿金660余万元，守护绿水青山蓝天。

二、从严打击职务犯罪

反腐是检察工作的另一重要范畴。近五年来，各级检察机关坚持惩防并举的工作方针，不断加强反腐力度。一方面以持续高压的态度推进反腐工作，严厉打击各项职务犯罪；另一方面注重标本兼治，着力推进源头治理工作，不断强化职务犯罪预防。

——保持反腐高压态势。坚决贯彻中央的反腐部署，持续加大对反腐工作的投入力度。立案侦查职务犯罪7835件9960人，同比分别上升24.98%、16.79%。查办20万元以上贪污贿赂犯罪案件2999件，占反贪立案数的47.67%；查办重特大渎职侵权犯罪案件844件，占反渎立案数的54.7%。查办县处级以上干部611人，同比上升48.66%，其中厅级以上64人（含省部级2人），同比上升120.69%。职务犯罪侦结率、起诉率、有罪判决率分别达到96.31%、94.12%、99.88%，同比分别上涨了4.64、3.01、0.13个百分点，立案数、大案数、要案数、有罪判决数均创新高。同时着重打造从严治党、高压反腐的整体合力，注重纪法衔接工作的推进，加强与纪检监察机关的协作配合，形成常态化的配合、协作机制。

——突出反腐重点工作。在高压反腐的态势下，集中优势资源，紧盯腐败高发领域，深入开展专项行动。连续三年开展查办发生在群众身边、损害群众利益职务犯罪专项行动，包括群众反映强烈、案件易多发的涉农惠民、征地拆迁、教育医疗、生态环境等领域。通过深化系统治理，形成强力震慑，累计查处4255人。如会同省扶贫办、省财政厅联合开展为期五年的集中惩治扶贫领域职务犯罪专项工作，查处挤占挪用、虚报冒领扶贫资金等“蝇贪”246人。再如合肥“房叔”方广云①、淮北村官刘大伟②等“小官巨贪”被依法查处。同时针对行贿犯罪，坚持行贿受贿一起查，开展打

①2005年至2009年，方广云利用担任合肥市瑶海区工业园区站北社区居委书记的职务便利，在协助政府从事拆迁安置工作中，单独或伙同他人骗取安置房18套、拆迁补偿款31万余元、安置费21万余元，合计人民币398万余元。方广云还利用职务便利收受贿赂6万元，违规出具安置证明等材料，致使他人非法获取安置房45套，造成国有财产837万余元的重大损失。该案由合肥市瑶海区检察院侦查终结，经指定管辖由庐江县检察院于2014年8月提起公诉。2014年12月，法院以犯贪污、受贿、滥用职权罪，一审判处方广云有期徒刑二十年。

②1996年至2014年，刘大伟在任淮北烈山煤矿矿长、洪杨煤矿矿长、累山区烈山镇烈山社区党委书记期间，利用职务便利，伙同他人骗取国家拆迁补偿款317万余元及800余平米住房，侵吞1490万元国有股权，挪用4700万元国有资产，检察机关依法对其涉嫌的贪污等犯罪事实进行了立案查处。2015年9月，淮北市烈山区检察院向法院提起公诉，2016年11月，法院作出一审判决，对刘大伟以贪污罪、职务侵占罪、挪用资金罪等进行数罪并罚，判定执行有期徒刑二十年。刘大伟不服提出上诉，二审裁定维持原判。

击行贿犯罪的专项行动，查处行贿犯罪1586人，同比增长93.4%。对于潜逃在外的职务犯罪嫌疑人，开展“猎狐”天网行动，抓获在逃职务犯罪嫌疑人209人，抓捕和劝返潜逃境外者8人；着力挽回国家损失，强化赃款、赃物的追缴工作，累计为国家挽回直接经济损失14.5亿元。

——持续强化犯罪预防。近五年来，安徽省检察机关深刻认识到在惩治职务犯罪的同时不能忽视职务犯罪的预防工作，需要从源头出发，对腐败行为标本兼治。首先从制度上入手，配合修订安徽省预防职务犯罪工作条例，牵头制定全省预防工作五年规划，建立健全了预防体系。其次，以点构面，以重点领域为突破口，深入开展涉农、国企、扶贫、教育、卫计等领域专项预防工作。如扎实开展安徽检察预防行、百场讲座进乡村、预防邮路[①]等系列活动，涉农专项入选“全省首届十大法治事件”。再次，加强对重点领域的研判分析工作，以预防报告的形式向党委、政府、人大提交相关领域的分析报告，共提交相关报告569件，马钢案件分析报告入选“全国检察机关十佳专项报告”。最后，创新预防形式，整合社会力量，加大预防宣传力度。如拍摄全国首部农村反腐题材电影《丫山清风》，编写《画说职务犯罪》法治教育丛书，创办以案说法电视节目《检察直播间》，61个警示教育基地建成并投入使用。

三、强化监督职能

检察机关的监督职能是防止冤假错案的重要防线，也是

①2017年3月起，省检察院联合省邮政公司，利用广大邮政员工走千家、进万户的工作优势，共同开展职务犯罪预防活动，形成了覆盖城乡的预防宣传网络。

规范司法流程的重要手段。近五年来，安徽各级检察机关聚焦监督主业，突出监督重点，狠抓规范司法，强力推进、全面实行办案流程监控，常态化开展案件质量评查，办案标准、执法规范进一步严格，追责问效监督机制进一步健全。2017年不服检察机关处理决定申诉数、申请国家赔偿案件数同比下降84.27%、89.87%，有力维护了司法公正，司法公信力不断提升。

——健全机制加强立案侦查监督。检察机关监督的基础在于立案侦查阶段。全省检察机关以防止冤假错案为底线，认真落实罪刑法定、疑罪从无原则；通过制定实施检察环节纠防冤假错案七条措施，严把事实证据关，对证据不足的不批捕13207人、不起诉2661人。同时积极推进监督重心下移，共监督侦查机关立案5390件、撤案7032件，纠正漏捕6179人、漏诉9263人。探索开展对公安机关立案、侦查活动的监督，推进审查逮捕诉讼化转型，吸纳犯罪嫌疑人和辩护律师的意见，监督质效进一步提高。如与省公安厅共同完善重大案件提前介入制度、开展市级公安机关统一移送命案试点，死刑案件监督机制得以进一步健全。

——多元合作加强审判流程监督。检察院的抗诉是检察机关对司法审判过程中监督的重要方式。在刑事领域，全省各级检察机关以刑事抗诉为中心，加强刑事审判监督。五年来，全省检察机关共提出刑事抗诉1327件，同比上升51.66%；法院审结1100件，改判和发回重审896件；对刑事审判过程中的不当情形，监督纠正3407次。如胡恒江校园杀人案等一批社会影响大、关注度较高的案件经抗诉后改判重刑，谭谷受贿案[①]等4件案件被评为全国检察机关“精品刑事抗诉案件”“优秀刑事抗诉案件”。同时，对已经判决的案件，坚决纠正冤假错案，强化保障人权，如于英生、杨德武[②]冤错案被再审改判无罪。对于民事和行政诉讼领域，着眼促进公正审判、维护司法权威，对生效的民事行政裁判提出抗诉和再审检察建议2553件。

——从严从实加强刑事执行监督。检察机关的监督是贯穿司法流程始终的，对于执行阶段的监督工作，各级检察机关亦将其作为重点。首先是对于刑事领域中的执行中的减刑、假释、暂予监外执行进行专项检察，对职务犯罪、金融犯罪、涉黑犯罪三类服刑人员逐案核查，着力监督纠正“以权减刑、提钱出狱”等问题。开展判处实刑犯罪未执行刑罚专项检察，核查发现未依法执行589人，清理纠正501人，着力解决“应收监、未收监”问题。开展久押不决案件专项清理，健全羁押期限预警机制，大力推进羁押必要性审查，严

①2011年至2013年，谭谷在担任黄山经济开发区管委会副主任期间，利用职务上的便利，收受他人贿赂共计人民币100余万元。黄山市中级人民法院一审认定谭谷具有自首、立功情节，对其减轻处罚，判处有期徒刑6年。黄山市检察院以量刑不当提出抗诉，省检察院支持抗诉，并增加了不具有自首、立功情节的抗诉理由。2014年11月，省高级人民法院裁定撤销原判、发回重审。2015年2月，黄山市中级人民法院认定谭谷不成立自首和立功，判处其有期徒刑11年，谭谷上诉后省高级法院维持原判。此案2016年入选“全国检察机关精品刑事抗诉案件”。

②2000年7月，杨德武岳母被杀害。杨德武被公安机关认定为犯罪嫌疑人，随后被刑事拘留、逮捕。2000年11月，杨德武被判处死刑缓期两年执行。杨德武一直申诉，省检察院于2005年、2010年两次建议法院再审。2015年4月，最高人民检察院收到杨德武的申诉，将该案交办至省检察院，省检察院经复查认为，原审裁判认定的事实不清、证据不足。2016年6月，省检察院再次向省高级人民法院发出再审检察建议书。2016年11月，杨德武被改判无罪。该案被最高人民检察院写入2017年检察工作报告。

防超期羁押。其次积极开展社区服刑人员脱管漏管专项检察，全省社区矫正中心全部设立检察官办公室，监督由“大墙内”向“大墙外”延伸，有效提高社区矫正的效力。再次是对于民事领域“执行难”问题，对执行不当情形提出检察建议4550条，配合法院共同开展执行案款清理，共发放16.44亿元，有效提升了执行效率。最后是对于行政案件中执行难问题进行监督，以依法行政、严格执法为目的，对行政机关不作为、乱作为问题，提出督促依法履职的检察建议4574条。

四、深入检察改革

司法改革是近年来司法机关的重要工作内容，安徽省各级检察机关认真学习贯彻党的检察改革精神，严格按照中央、省委的改革要求，积极稳妥完成各项改革任务。

——深化以审判为中心的诉讼制度改革。以审判为中心的诉讼制度改革是十八大以来司法改革的重点内容。安徽各级检察机关坚定改革步伐，锐意攻坚克难，确保各项改革措施落实落地。一方面是人员和体制机制的有效整合：全省累计遴选员额检察官3596名，85%检察人员配置到业务岗位，办案力量增加20%以上，院领导和部门负责人带头办案数占受案数的75.8%；推进33个基层院“大部制”改革①试点，试点院内设机构平均由13个减至5个；建立权责清单制度，坚持“谁办案谁负责”“谁决定谁负责”的原则，压缩审批环

①“大部制”改革又称内设机构改革，是司法责任制改革的配套措施，目的是通过机构和人员整合，实行扁平化管理，解决案多人少矛盾，实现人员优化、资源配置最大化。

节，检察官自主决定案件数超过94%。另一方面则是推动案件审理流程高效、公正：实现简案快办、烦案精办，简易程序适用率比2013年提高21个百分点，办案效率明显提升；打造智慧公诉亮点，研发智能辅助办案系统、庭审语音示证系统，制定58个常见罪名标准化、模型化证据指引，推动证据审查的高效便利，同时以人工审查和智能审查相结合的审查机制，确保权利得以有效制约；积极构建良性检律关系，会同相关部门出台依法保障律师执业权利的“67条规定”，举办首届检察官与律师辩论大赛等，推动检察官和律师相互交流相互学习，共同提高执业水平。

——积极开展公益诉讼试点。安徽省积极响应公益诉讼改革的号召，出台了全国首个省级政府支持公益诉讼的指导意见。检察机关据此主动与行政机关、审判机关加强联络沟通，凝聚改革共识，形成了推进公益诉讼的良好氛围。试点以来，共同办理涉及生态环境和资源保护、国有土地使用权出让、国有财产保护、食品药品安全四大领域公益诉讼案件762件，其中通过诉前程序督促相关主体履职637件，提起行政和民事公益诉讼125件，试点工作多次在检察机关全国性会议上作经验介绍，最高人民检察院专门组织全国人大代表来皖视察试点成效。

——全力配合监察体制改革试点。监察体制改革是2017年检察改革的重要内容。安徽检察机关坚决拥护中央改革决定，提高政治站位，强化大局意识，坚决落实省试点小组工作部署，积极配合完成三级院侦防机构调整、职能划转、人员转隶工作。对于过渡期间的工作，开展“三项清理”，积极完成未结案件、在手线索、涉案财物的交接和处理工作。同时探索建立监察委员会与检察机关办理职务犯罪案件的衔接办法，确保工作平稳过渡、职能有序对接。

五、加强自身建设

全面从严治检的内在要求是需要信念坚定、执法为民、敢于担当、清正廉洁的检察队伍。近年来，安徽省不断加大对自身建设的投入力度，以党建为引领，扎实推进基层检察组织建设，努力打造一支素质过硬的检察队伍。

——加强党建工作。始终坚持党对检察工作的绝对领导，坚决贯彻中央、省委的决策部署，做到重大部署、全局工作及时报告制度。各级检察机关深入学习贯彻党的十八大和十九大精神，牢牢把握习近平新时代中国特色社会主义思想，扎实开展党的群众路线，“三严三实”“两学一做”等教育实践活动，坚定理想信念，树立“四个意识”，增强“四个自信”。同时扎实做好基层党建工作，开展“联动联建”①、“双十双百”②、“强力工程”③等系列党建活动，以党建带队建，开创了全面党建新局面。

——提高业务素质。在以审判为中心的司法制度改革的背景下，推进全省检察机关业务水平建设工作具有事半功倍

①“联动联建”指2013年3月至12月，省检察院组织开展的“系统联动联建、深化创先争优”党建活动。

②“双十双百”指省检察院开展的“十个专题强党性，十项督查强落实、百人交流铸信仰，百人扶贫结对子”活动。

③“强力工程”指2017年省检察院开展的党建工程，旨在打造干警成长进步、干事创业奉献、党员形象展示等“三大平台”，采取监督检查、公示通报、开拓创新等“三大措施”，有效提升机关党委领导力、党支部凝聚力、党内政治生活影响力。

之效。全省检察队伍正规化、专业化、职业化建设取得新进展。一方面是加强人员筛选及培训工作，全省员额检察官法律本科以上比例达95.4%，比改革前提高19.6个百分点，市县检察长全日制法律本科以上比例提高10.6个百分点，检察队伍学历结构进一步优化。同时广泛开展业务培训和岗位练兵活动，累计培训检察人员5.7万人次，全国、全省检察业务专家人数是2012年的3.3倍，338人获得全国、全省检察业务标兵、业务能手称号。另一方面推进科技强检，运用信息技术手段，扎实推进电子检务建设。职务犯罪侦查信息平台、减刑假释协同办案平台等投入实战，侦查指挥、远程提审等系统渐次落地，主动探索人工智能与检察工作的深度融合路径，有效提升检察队伍的信息化水平，省检察院和5个市县院被评为“全国科技强检示范院”。

——深入推进基层检察组织建设。褒典型、肃风纪，开展基层检察队伍建设。一方面倾心助力基层发展，扎实开展对口帮扶指导，着力提升基层“八化”[①]水平；开展为期三年的“抓特色、创品牌、育经典”活动，如智慧反贪、品质公诉、温暖控申等一批基层品牌成功推出，涌现出“全国模范检察院”六安市金安区院、“全国人民满意的公务员集体”灵璧县院和“全国模范检察官”周会明、袁国霞、刘永红等众多先进典型。另一方面强化主体责任，推进作风整治。抓住最高人民检察院巡视省检察院的契机，狠抓教育、管理、监

①最高人民检察院《2014—2018年基层人民检察院建设规划》要求，基层检察院建设发展要努力实现执法规范化、标准化，队伍专业化、职业化，管理科学化、信息化，保障现代化、实用化。

督，反“四风”、转作风，整顿机关慵懒散，提振队伍精气神，如推行市院检察长向省院年度述职制度，实现对16个市院巡视全覆盖，强化执纪问责，函询谈话、批评教育检察人员310人，依纪处理65人。

六、主动接受监督

主动接受监督是打造阳光检务的重要手段，也是检察机关发现问题解决问题的重要途径之一。安徽省各级检察院始终坚持检务公开，虚心接受社会各界的广泛监督，有效提升了司法公信力。

——自觉接受人大、政协监督。一方面坚持向人大、政协报告工作制度，认真落实相关决议，不断改进各项工作；围绕省委加强人大工作建设的意见、改进政协民主监督工作的实施意见，分别出台落实措施，不断增强接受监督的主动性和自觉性；全面贯彻省“两会”精神，围绕代表委员意见、建议和提案，逐一抓好落实，逐条反馈，实现办结率、沟通率、满意率三个100%。另一方面，制定新的代表联络办法，如在全国率先建立代表持证约见检察长制度；在监督内容上求实，邀请省级代表委员深度参与案件评查、公开审查、执法检查和检务督查等活动5000余人次，组织16个市330名省人大代表开展交叉视察，实现代表视察对各地区、三级院全覆盖，努力保障监督参与面的广泛性。

——积极拓展社会监督渠道。持续拓展检务公开渠道，社会监督、群众监督形式更为多样、渠道更加畅通。如建成覆盖三级院的新闻发言人制度，正式运行微博、微信、手机报、门户网和新闻客户端“五位一体”的新媒体宣传矩阵，省检察院先后荣获中国优秀政法网站、全国检察微博二十强、全国检察新媒体矩阵建设奖等多项荣誉。再如推进人民监督员制度规范化建议，437件职务犯罪案件接受监督。推进“检察开放日”活动常态化，1.6万多名各界群众通过“开放日”走进检察院。持续拓宽检务公开渠道，有效提升了群众参与司法的积极性，不断增强司法的公信力。

七、检察机关2013—2017年主要业务数据

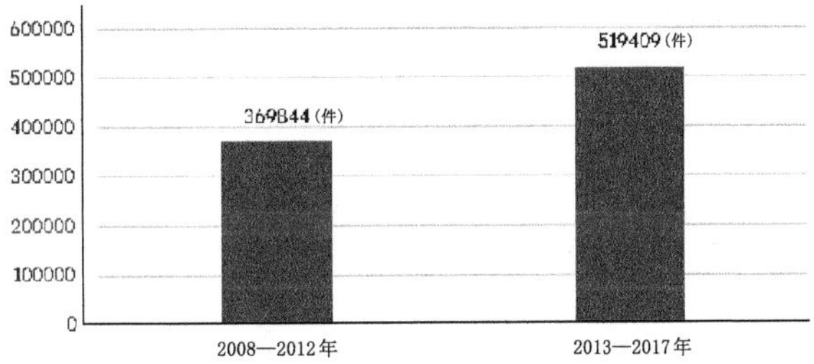

图1　受理各类案件情况

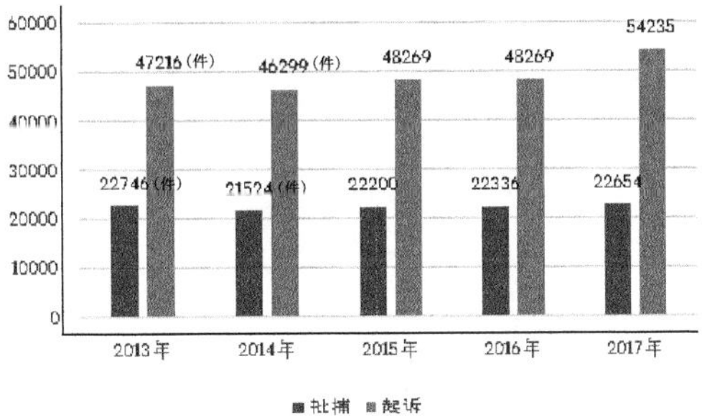

图2　批准逮捕、起诉普通刑事犯罪情况

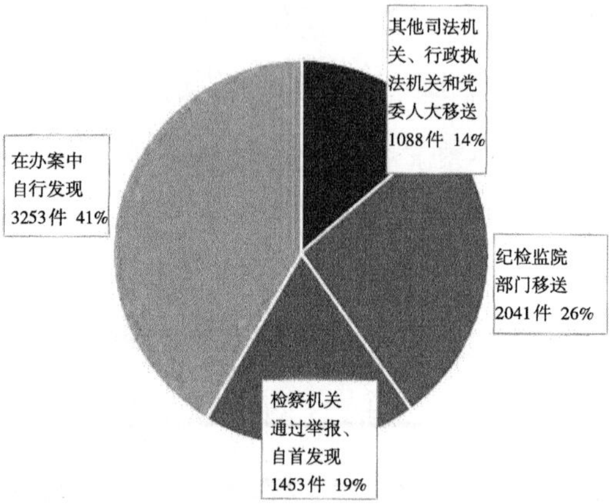

图3　起诉普通刑事犯罪类型分布情况

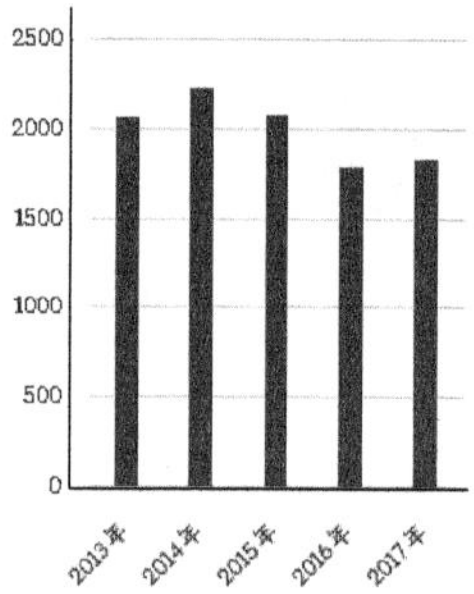

图4　立案侦查职务犯罪案件情况

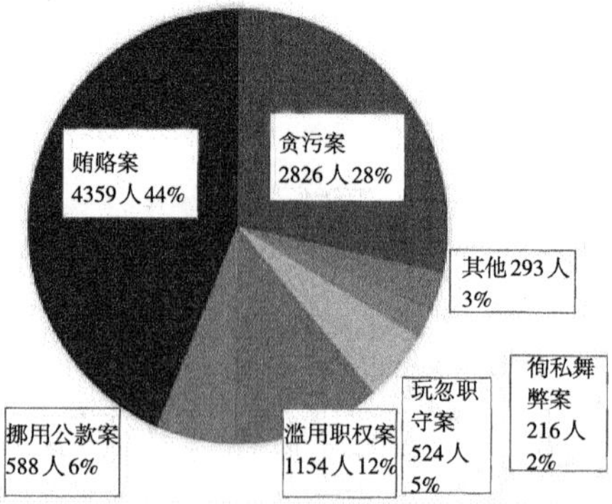

图5　立案侦查职务犯罪案件类型分布情况

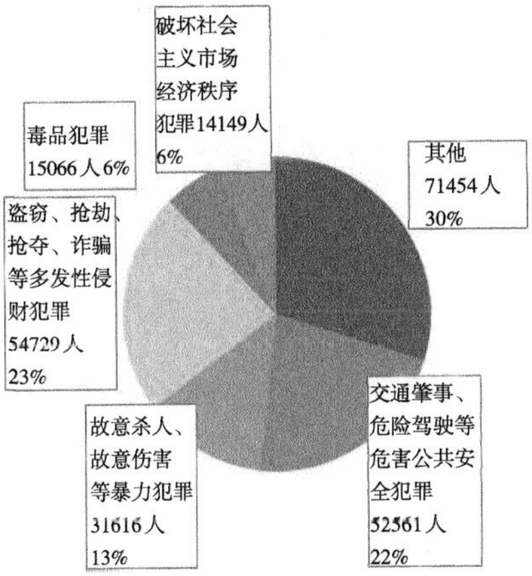

图6　立案侦查职务犯罪案件线索来源情况

表1　刑事立案和侦查活动监督情况

	监督立案	纠正漏捕	纠正漏诉
人数(人)	6738	6179	9263
已判决人数(人)	5025	3958	7346
判处实刑人数(人)	3643	3335	3485

表2　刑事执行检察工作情况

提出纠正“减假释”	提出纠正刑罚执法和监管活动违法	提出纠正监外执行不当
5668人	10341件	14154件

表3　民事行政检察工作情况

受理	抗诉		再审建议		纠正审判程序不当	督促履职	支持起诉
	总件数	采纳数	总件数	采纳数			
24738件	1095件	553件	1458件	703件	2419件	4574件	2005件

司法行政工作

2017年，安徽省司法行政系统全体干警职工和法律服务工作者，认真学习贯彻习近平新时代中国特色社会主义思想，紧紧围绕省委、省政府和司法部的各项决策部署，坚持一手抓改革促发展、一手抓班子带队伍，谋划事业高标准、推进落实实打实、自我要求严约束，在服务大局中充分发挥职能，在重点突破中实现全面发展，司法行政各项工作取得显著成效。

一、巩固矫治体系建设

全省司法系统依旧秉持着安全稳定的工作目标，全面落实治本安全观，同步推进标本兼治，积极适应社会治理新形势，实现了安全稳定工作逐步由被动应对向主动防控的转变。

——创新监狱治理工作。监狱系统是矫治体系的重要组成部分，也是安全稳定工作的重点。2017年全省监狱系统围绕“三基一本”，深入开展安全治理深化年活动，全省监狱实现连续13年“四无”[①]目标，安全稳定工作位居全国前列。同时，以此为契机，全面启动监狱体系改革工作。首先是省监狱管理局成立改革领导小组，明确7大项22条56项具体改

①“四无”指无罪犯脱逃、无重大狱内案件、无重特大安全事故、无重大疫情。

革措施，创新“五大体系、七项工程”[①]教育改造项目三年规划。其次，对监狱内工作模式进行创新，如确立了马鞍山监狱创建全国示范监狱和女子监狱、潜川监狱创建全省示范监狱的“1+2”创建模式，完成试点监狱警囚比测算，并积极推广试点经验；积极探索创新服刑人员离监探亲机制，开展面对面会见试点，首批8名服刑人员于2018年元旦期间离监探亲，全年走访特困家庭121户、救助特困罪犯亲属335人、救助困难罪犯2913人；完善罪犯死亡处理工作流程，会同省人民检察院、公安厅、民政厅联合下发《安徽省监狱罪犯死亡处置工作细则》。最后，创新减刑假释相关工作，如在全国率先建成减刑假释网上办案平台，联合省高院、省检察院、省公安厅、省卫生计生委出台《安徽省暂予监外执行工作办法》。最高院在合肥召开全国法院减刑假释信息化协同办案平台建设推进会，安徽减刑假释网上办理经验在全国推广。

——深化科学戒治体系。安徽省戒治系统围绕转型定型发展，在先前科学戒治基础年、科学戒治发展年工作基础上，积极推进“3451”戒治模式[②]落地落实，分别确定南湖戒

①“五大体系”指质量标准体系、教育分类体系、支持保障体系、组织领导体系、考核评价体系；“七大工程”指教学管理工程、基础教育工程、科学矫治工程、文化育人工程、技能培训工程、阵地建设工程和人才保障工程。

②“3451”戒治模式指的是三分管理、四期戒治、五大中心和一个延伸。三分管理，将强制隔离戒毒人员按分类收戒、分别戒治、分级管理的原则进行管理；四期戒治，将两年的强制隔离戒毒期限按戒毒科学规律分为急性脱毒期、康复期、巩固期、回归期，不同期段开展不同的戒治工作；五大中心，在戒毒场所内设立戒毒医疗中心、教育矫治中心、体能训练中心、劳动康复中心、诊断评估中心，以更加专业和科学的标准和程序开展各类戒治工作；一个延伸，将戒毒工作从场所内向社会延伸，提升吸毒人员戒毒自信心和抗复吸能力。

毒所为所企分离改革试点单位、宝丰戒毒所为“3451”戒毒模式落地生根试点单位，基本形成具有“分区管理、分期戒治、科学流转、社会延伸”主体功能，实现了连续10年“六无”[①]目标，场所安全迈入全国第一方阵。同时创新工作方法，善用分级制度，一方面深入推进场所规范化建设，制定分级达标方案；另一方面制定出台分级考核验收办法，加强工作考核力度，着力打造美好南湖、样板宝丰、实力女所、魅力滨湖、智慧蚌埠、精品合肥品牌。

——规范社区矫正服务。社区矫正服务经过数年的不断发展和完善，现在已经进入深入推进和规范运行阶段。通过积极开展“抓落实、促规范、保平安”活动，健全完善工作体系、制度体系、执法体系、教育帮扶体系，深化社区矫正规范化建设，全年社区服刑人员重新再犯罪率维持在0.11%的较低水平。持续深化技术监管工作，运用电子腕带、定位手机、微信群等信息技术，对摸排出的4100余名重点社区服刑人员实行定人包案。同时针对社区矫正人员配备不足的问题，一方面积极推进政府购买社区矫正服务机制，全省42家社会服务机构承接社区矫正项目，社会组织专职从事社区矫正服务工作者12272人、社会志愿者47187人；另一方面大力推进监狱、戒毒所民警延伸监管工作，继续选派109名监狱戒毒所民警到县（市、区）社区矫正机构挂职，有效缓解了社区矫正机构人员不足的问题。

①“六无”指的是无戒毒人员脱逃、无戒毒人员死亡、无所内案件、无重大生产安全事故、无毒品入所和无重大舆情发生。

二、推进公共法律服务体系建设

安徽省全面贯彻落实国家公共法律服务的新思路和新理念，坚持以变应变，以资源集成融合为导向，推动法律服务体系建设工作创新发展，在服务经济转型发展中展现新的作为。

——律师服务工作。律师服务是公共法律服务的关键环节，做好律师服务工作将直接提升公共法律服务水平。安徽省始终坚持保障和监督两手抓，确保律师职业保障的同时，不断强化整体律师队伍的监督管理，有效提升全省律师职业水平，全年办理律师业务22.36万件，同比增长12.76%。一方面落实相关保障体系，如会同省高院、省检察院、省公安厅、省安全厅联合出台《关于依法保障律师执业权利的若干规定》，深入保障律师的执业权力；再如积极推荐律师担任各级党政机关、企事业单位法律顾问，全省律师担任法律顾问21167家，其中担任政府法律顾问2832家，分别同比增长8.91%、10.32%；指导各市全部建立律师参与化解和代理涉法涉诉信访案件工作机制及人才库，律师参与化解和代理涉法涉诉信访工作实现全覆盖，全省律师全年接谈涉法涉诉信访案件9093件；大力发展涉外法律服务业，十届省委全面深化改革领导小组第十三次会议审议通过《关于发展涉外法律服务业的实施意见》，对律师行业的发展提供了新的思路。另一方面加强对律师队伍的管理，通过组建安徽省律师惩戒委员会，成立律师协会维权中心和投诉中心，有效对律师执业进行监督和管理；制定《安徽省建立律师专业水平评价体系和评定机制试点工作实施办法》及评价指标体系，在合肥市和池州市3617名律师中开展专业水平评价体系和评定机制试点，首次评定专业律师487名，发放633份专业律师证书[①]。

——公证改革工作。安徽省积极响应国家公证体制改革的要求，根据现有工作经验与工作实际，积极开展公证体制改革工作，全年办理各类公证事项40.9万件，同比增长4%。一方面积极开展组织机构改革，成立由厅党委书记、厅长担任组长的厅公证体制改革领导小组，全面领导公证体制改革相关工作：出台《关于深入推进公证体制改革机制创新工作的实施意见》《安徽省合作制公证机构试点工作方案》等一系列工作方案，对公证体制改革做出了系统性的部署和安排。在完整的改革工作部署下，全省13家行政体制公证机构全部改为事业体制，合肥市、六安市2家试点合作制公证机构已获批复，池州市1家试点合作制公证机构正在组建。另一方面积极落实各项试点内容，如会同省高院在合肥市瑶海区人民法院等7个法院和合肥市中安公证处等6个公证处开展公证参与人民法院司法辅助事务试点工作，试点以来办理各类司法辅助事务1000余件；再如出台《关于开展办理公证"最多跑一次"试点工作的实施方案》，在合肥市徽元公证处等6个公证处开展办理公证"最多跑一次"试点工作，试点以来办理"最多跑一次"公证事项2.1万件。同时不断健全完善公证工作的监管体系，严格落实公证执业"五不准"[②]要求，全年

①数据溢出是因为部分律师获得两个专业律师称号。

②"五不准"指不准为未查核真实身份的公证申请人办理公证、不准办理非金融机构融资合同公证、不准办理涉及不动产处分的全项委托公证、不准办理具有担保性质的委托公证、不准未经实质审查出具公证书。

省厅层面抽检公证卷宗3040份，实现公证机构、执业公证员和重点公证事项全覆盖。

——司法鉴定工作。2017年是司法鉴定改革重要的一年，安徽省积极响应中央《关于健全统一司法鉴定管理体制的实施意见》的要求，全面部署司法鉴定改革相关工作。安徽省第十二届人民代表大会常务委员会第四十一次会议通过的《安徽省司法鉴定管理条例》将近年来党和国家对司法鉴定管理的政策要求，以及安徽省司法鉴定管理工作的创新做法，用法律条文的形式固定下来，对后续改革工作提供有力的政策支持；同时细化管理措施，开展全省司法鉴定规范化建设推进年活动，下发《关于进一步加强司法鉴定收费行为监督管理工作的通知》、与省高院协商制定《关于司法鉴定人出庭作证若干问题的规定》、与省环保厅联合下发《关于公开遴选安徽省环境损害司法鉴定机构登记评审专家库专家的通知》等文件，对司法鉴定面临的突出问题做出了具体的部署和安排。以规范管理、规范执业、规范质量建设为重点，规范司法鉴定机构办公场所，完善内部管理、质量控制、内部监督评价等制度体系，有力提升安徽司法鉴定的整体水平。

——人民调解工作。在2016年初步建成多元化纠纷解决机制的基础之上，2017年安徽省全面加强人民调解工作。一方面，开展人民调解“化解纠纷筑牢防线喜迎十九大”专项行动，认真落实人民调解化解矛盾纠纷研判预警工作，每月定期向党委政府和综治、信访等相关部门报送研判预警报告，全年共调解矛盾纠纷56.32万件。另一方面，加强专业领域调解工作的拓展，在继续加强医疗、交通事故、婚姻家庭、劳动争议等行业性专业性人民调解组织基础上，在淮南市和亳州市分别试点物业纠纷、环保纠纷领域引入人民调解机制。同时与省综治办等部门联合下发《关于进一步加强诉讼与非诉讼纠纷解决方式对接工作的意见》，与省高院联合下发《关于开展诉调对接的意见》，不断推进人民调解工作。全年接受全省法院、公安、检察、信访和其他行政机关委托调解纠纷19011件，4247件人民调解协议书通过司法确认，有效加强调解结果的执行性，切实提升了调解质量。

——法律援助工作。公共法律服务始终需要立足于人民，重点推进民生保障，其主要表现在法律援助工作。安徽省于2015年开始，将法律援助经济困难标准调至最低生活保障的1.5—2倍；而2017年之后，其标准调至低保标准的2倍以上，基本实现低收入人群全覆盖，全省法律援助机构全年办理各类法律援助案件9.2万件，完成全年任务的115%。在数量大幅增长的同时，不断深化法律援助值班律师制度改革，分别成立1个省直、8个省辖市刑事法律援助律师辩护团，全省80家看守所、126家法院均已设立法律援助工作站，派驻法律援助值班律师，全省办理刑事法律援助案件2.3万件，同比增长10.3%。选择合肥市所属县为试点单位，开展刑事案件律师辩护全覆盖试点工作。

三、创新深化宣传工作

司法行政系统是政府法制宣传的排头兵和先遣军，也是现代法治宣传体系的重要环节。安徽各级司法行政系统深刻把握普法工作的内在需求，有效推进普法工作扎实开展，并取得新的成效。

——推动普法机制建设。普法机制建设一直是安徽司法行政系统工作的重中之重，通过建立法治宣传教育工作指标体系和考核标准，全方位深入推进普法工作的开展。如在2016年制定的《关于实行国家机关“谁执法谁普法”普法责任制的意见》基础上，2017年安徽省印发《关于认真学习贯彻〈关于实行国家机关“谁执法谁普法”普法责任制的意见〉的通知》，并以此对对89家省直单位落实普法责任制情况开展督查，达到落实“谁执法谁普法”普法责任制的目标；再如联合有关部门出台《省辖市政府目标管理绩效考核法治宣传教育工作指标细则》《安徽省法治城市、法治县（市、区）创建活动标准》《安徽省民主法治示范村创建活动标准》积极推进法治宣传教育工作。据统计，将法治宣传教育工作纳入全省美丽乡村建设考核体系之后，全省成功创建省级以上民主法治示范村（社区）887个，通过细化普法工作领域，安徽省普法机制建设取得新的突破。

——创新普法宣传方式。安徽省司法行政系统在普法宣传工作中，一方面不断深化原有的普法宣传方式，如集中开展春节期间法治宣传月、“全民国家安全教育日”“12·4”全国法制宣传日、“三八”妇女维权、“江淮普法行”等宣传活动。另一方面也在积极开拓新的法治宣传方式，如利用安徽普法微博，通过网络直播的方式开展九月“开学第一课”普法活动，在省直机关首创在线实时学法、全程在线测试的普法模式。再如通过先后举办1期全省司法行政系统新闻发言人培训班和3期网络评论员培训班，全系统334名网评员实现各市（县、区）司法局、各监狱戒毒单位网评员全覆盖，以此为基础占据网络宣传高地。通过创新法治宣传方式，提高整体法治宣传力度，全力打造普法工作的“安徽品牌”。

——创建良好法治宣传氛围。法治宣传氛围是提升法治宣传效果的重要因素，安徽省司法行政系统通过多种方式提升法治文化建设，省法宣办和16个市及所辖县（市、区）法宣办同时开通共计126个普法政务网易号，间接助力法制宣传。如围绕学习宣传贯彻党的十九大精神，推出“读报告·划重点·记原文”“十九大学习时光”专题策划活动，在安徽日报、安徽法制报等媒体刊发相关稿件90多篇，利用“安徽司法”微信微博和今日头条号、搜狐新闻客户端、一点资讯等新媒体平台转发推送相关文章100多条。再如以“砥砺奋进的五年”为主题，全年先后在省级以上媒体发稿4000多篇，其中在中央媒体或全国重点新闻网站发稿近1200篇，电视媒体发稿100余条。

四、着力打造过硬队伍

为了适应新形势下的新要求，更好履行职责、服务大局，安徽省司法行政系统不断加强自身建设，着力打造一支素质过硬的司法行政队伍。

——加强政治教育工作。政治思想教育是打造一支过硬司法行政队伍的关键，安徽省司法行政系统始终高度重视政治教育工作，并将其作为队伍建设的重中之重。全年深入学习贯彻党的十九大精神，扎实开展“两学一做”学习教育常态化制度化和“讲政治、重规矩、作表率”专题警示教育，通过召开会议、举办培训班、开展学习讨论等多种形式，引导全省司法行政系统广大干警树牢“四个意识”，严守“六大纪律”，始终坚持党对司法行政工作的绝对领导。

——夯实基层工作基础。基层一直是队伍建设的重难点区域。安徽省司法行政系统始终高度重视基层工作的开展和建设。一方面扎实推进基层党组织标准化建设，组织召开厅直系统第一次党代会，引领厅直系统921个基层党组织、1.3万名党员，严肃党内政治生活，推动全面从严治党向纵深发展、向基层延伸；另一方面树立正确用人导向，建立合理流动、能上能下的常态化机制，对基层建立后备干部和中长期培养对象人才库，有力提升基层工作人员的水平和素质。

——深入开展内部监督。内部监督是队伍建设必不可少的环节。安徽省司法行政系统认真开展和落实党风廉政建设责任制，明确各级主管部门的监督责任，充分实践“四种形态”。认真落实党委主体责任和纪委监督责任的《实施意见》和《考核办法》，对全系统28个单位“两个责任”落实情况进行全面考核。修订省厅《巡察工作实施办法》，配合省纪委完成纪检监察体制改革，在省直单位率先完成内部巡察全覆盖，全年省纪委驻厅纪检组走访约谈处级领导干部40人次，开展两轮巡察，共巡察6个厅直单位。

知识产权的保护工作

2017年是全面贯彻落实“十三五”规划的关键节点，也是安徽省决胜全面建成小康社会、开创五大发展美好安徽建设新局面的重要一年。其中，知识产权作为科技成果向现实生产力转化的重要桥梁和纽带，激励创新的基本保障作用更为显著。省委、省政府高度重视知识产权保护工作，深化改革，破除知识产权保护工作障碍，全面提高知识产权保护能力。

一、商标权保护工作

2017年，根据省委、省政府和国家市场监管总局、国家知识产权局的统一部署，安徽省依照“放管服”改革要求，深入实施商标品牌战略，商标品牌保护工作争先进位，取得了丰硕成果。

——“双打”工作继续推进。“两节”打假专项行动取得了阶段性成效，重点打击混淆、假冒、制假售假、商标侵权，经营销售不合格商品、侵犯消费者合法权益以及虚假违法广告、不正当竞争等违法行为，努力构建“政府领导、部门联合、多方参与、协同共治”的打假工作格局。省工商局与迎驾集团合作建立打击假冒仿冒迎驾产品违法活动工作机制，深入推进政企联手打假新格局，为商标品牌保护工作添砖加瓦。省工商局积极参与省消保委召开的2017年3·15纪念活动工作会议，持续推进专项打假活动。

打击传销专项行动也在持续推进中。以合肥市为主要阵地，打传工作取得了关键性的胜利，形成了“领导高度重视、层层压实责任、建立专业队伍、持续强力打击、创新防范机制”等打传工作经验和模式，为其他市县开展打传工作的宣传和建设提供范本。此外，根据全省创建无传销城市工作安排，省工商局、公安厅、文明办、综治办组成联合考评组对申报2016年全省无传销城市的亳州、阜阳、滁州、六安、芜湖、宣城、池州、黄山8个市进行实地考评。考评组共检查考核区级打传办8个、无传销社区（村）28个。根据考评组关于2016年度无传销城市综合考评情况汇报，参考考评组提出的意见，初步确定2016年度全省无传销城市名单，积极推进“无传销城市”建设。组织多项打击传销工作专项调研活动，全省范围内广泛开展打击传销“皖剑-2017”行动，着力构建政府主导、多部门联动、群防群治的“打防控一体化”长效机制，坚持打防结合、打创并举，切实维护社会稳定。

——加强商标品牌战略保护工作。召开商标战略工作领导小组会议，审议并原则通过了《安徽省“十三五”实施商标品牌战略规划（2016—2020年）》和任务分工、2017年全省实施商标品牌战略工作要点等文件，以及2016年安徽省专业商标品牌基地名单，决定将省实施商标战略工作领导小组更名为省实施商标品牌战略工作领导小组。进一步增强商标品牌实力，提升商标品牌形象，充分发挥商标品牌应用成效，逐步完善品牌保护机制，促进全省企业和产业竞争力的提升。全面落实“十三五”商标品牌战略规划，切实保障商标品牌升级各项工作落实到位。例如与合肥市工商局参加商标监管工作调研座谈会，组织全省工商和市场监管系统商标品牌升级与驰名商标保护培训班，发挥商标品牌的市场效应，助推企业健康发展。商标注册工作稳步发展，大力实施商标品牌战略，推动商标注册便利化改革，促进质量品牌升级。2017年1月至3月，全省新增商标注册申请23115件，数量居全国第11位、中部第2，较上年同期增幅为39.2%，高于全国平均，增幅居全国第四、中部第二。全省新增注册商标14776件，居全国第11位，较上年前移一位，增幅45.3%，居全国第9位。全省累计有效注册商标量达到253456件，居全国第12位，较上年前移一位，增幅24.1%，居全国第8位。安徽古井贡酒股份有限公司、三只松鼠股份有限公司等两家知名企业以其广泛的品牌影响力，首次入围2017“中国商标金奖”，拟提名公示，为商标品牌保护工作的开展带来生机与活力。另外，地理标志注册商标已达到100件，数量居全国第11位，安徽省也是全国第11个地理标志商标量达到100件的省份，较上年增长28%。国家工商总局商标局新批准在阜阳市、蚌埠市、淮南市、宣城市和黄山市工商（工商质监）局设立商标受理窗口，增添商标注册渠道，进一步推动商标注册便利化。

——企业简易注销登记改革全面启动。简易注销登记程序减少了办事环节，改变了发布公告方式，简化了企业申请材料，缩短了登记期限，使一些长期停业未经营企业有了简易注销退出方式。此外，省工商局开展企业登记全程电子化软件操作培训，实现企业登记全区域、全类型、全业务网上办理，实现企业注册登记便利化，效率化。省工商局在“五证合一”基础上，进一步推动实施银行代办、全城通办、局所联办等改革举措，在各级企业登记窗口全面设立“网上办理自助服务区”，分期分批对全省工商和市场监管系统的注册登记业务骨干进行培训，加快推动网上办事系统的社会应用。

——推进商事制度改革，加强消费维权工作。组织多方商事制度改革研讨会，举办全省商事制度改革培训班，并召开相关新闻发布会，厚积推进商事制度改革的动力和源泉，提升推动商事制度改革的综合能力。同时，加大宣传报道力度，在《中国消费者报》中刊登安徽商事制度改革的具体进度和实际成效。

——消费者维权工作稳步推进。2017年春年期间，共受理投诉举报和咨询电话1002件，同比2016年春节假期的1039件，减少3.56%。国庆中秋节期间，共受理投诉举报和咨询电话2152件，与去年同期1839件相比，受理量增加17%。安徽省消费者权益保护联席会议第一次联络员会议召开，促进各职能部门履行职责，强化部门间协作配合，提升消费者权益保护工作效能，更好发挥消费对经济发展的引领作用。调研组深入基层市区考察消费者权益保护情况，更好推进消费创建工作，有力维护省内消费秩序。

二、专利权保护工作

2017年，安徽省知识产权局深入贯彻落实“十三五”规划，推出《“十三五”安徽省知识产权保护和运用规划》，全面推进专利权保护工作的开展。其中，安徽省专利行政执法年办案量首次突破两千件，省万人发明专利拥有量达到7.7件。截至2017年底，安徽省拥有有效发明专利47 734件，居全国第7位，较上年增长22.1%，专利保护工作对专利促进、发展具有积极的推动作用。

——发明专利量显著提升。2017年，全省共申请发明专利93527件，获授权发明专利12440件，其中合芜蚌示范区申请56100件，占全省60%，获授权7972件，占全省64%。全省拥有有效发明专利47734件，每万人发明专利拥有量达到7.7件，合芜蚌示范区拥有有效发明专利29421件，万人发明专利拥有量19.8件。1—11月份，全省电子申请率为98.28%，位列全国第2位。2017年，全省共办理专利权质押融资529笔，居全国第1位；质押金额48.9亿元，居全国第5位，分别较上年增长140%和98.5%，创历史新高。第五届安徽省专利奖共评出专利金奖19项，优秀奖80项。获奖项目实现新增销售额364亿元，新增利税88亿元，新增出口额40亿元。前五届安徽省专利奖共评选出专利金奖71项，优秀奖234项。第19届中国专利奖全省共获得专利优秀奖18项，外观设计优秀奖3项。省知识产权综合发展指数全国第7位，较上年上升1位，居中部及东北地区首位。

——专利行政执法工作稳步推进。1—11月份，全省各级知识产权局深入贯彻党中央、国务院关于严格知识产权保护的决策部署，积极履行政府专利保护职责，切实加大对专利侵权假冒行为的打击力度。全省专利案件共立案2073件，其中专利纠纷案件923件，假冒专利案件1150件，超额完成受理1500件专利案件目标任务。2017年全年案件受理量同比2016年全年专利案件受理量增长175.5%。全省共对28起专利侵权纠纷下达处理决定，同比2016年增长115%，并出具了756件电子商务领域专利执法维权侵权判定咨询意见，有效维护了电商领域专利权人的合法利益，净化了电子商务领域市场环境。全省有70个县（市、区）受理了专利案件，同比2016年增加7个县区，其中蚌埠市蚌山区、宿州市埇桥区、马鞍山花山区、亳州市谯城区受理专利案件超过30件。

——重视专利创新发展，加强培训教育。为贯彻落实五大发展行动计划，深入实施创新驱动发展战略，推进科教大省和创新型省份建设，充分发挥科技创新引领作用，出台支持科技创新若干政策，强化知识产权创造、保护和应用。发布《安徽省人民政府关于印发支持科技创新若干政策的通知》，鼓励支持大众创新，引导企业加大研发投入，开展重大关键技术攻关，支持科技人才团队创新创业，促进科技成果产业化发展。培育发展高新技术企业，支持科技企业孵化服务，加强农业科技创新和科技服务体系建设，支持产业技术创新战略联盟建设，推进大型科学仪器设备资源共享共用，强化知识产权创造、保护和应用。印发贯彻落实《国家创新驱动发展战略纲要》实施方案，加快建设知识产权强省，深入实施质量品牌升级工程，努力促进“三重一创[①]”建设顺利推进。芜湖高新技术产业开发区等45个区域示范基地，中国

①“三重一创”指重大新兴产业基地（战略性新兴产业集聚发展基地）、重大新兴产业工程、重大新兴产业专项，建设创新型现代产业体系。

科学院合肥物质科学研究院等26个高校和科研院所示范基地，合肥荣事达电子电器集团有限公司等21个企业示范基地跻身国家第二批大众创业万众创新示范基地。通过举办专利信息分析与利用培训班、专利电子申请实务培训班、全省知识产权评议推广培训班等各类培训班，不断强化企业对知识产权概念的理解，树立了专利信息利用意识，提升了学员实际操作技能。省知识产权局党支部多次召开"两学一做"学习教育专题组织生活会，学习习近平总书记重要讲话精神、十九大重要精神，为促进知识产权的发展提供了重要思想指导。

三、版权保护工作

2017年，安徽省认真开展版权保护工作，真抓实干，开拓创新，一方面努力创建良好的版权保护氛围，维护群众的合法文化权益；另一方面加大版权侵权的打击力度，通过多种方式推动版权保护工作取得新的进展。

——完善版权规划部署。2017年，全国版权系统深入学习习近平新时代中国特色社会主义思想和党的十九大精神，认真贯彻落实《2017年新闻出版广播影视工作要点》，真抓实干，开拓创新，奋发有为，版权保护工作在完善版权法律制度体系、大力打击侵权盗版、持续推进软件正版化、强化版权社会服务体系建设、加大版权宣传培训力度、持续推进版权对外交流合作等方面取得了长足进展。安徽省紧跟全国版权保护工作的步伐，抓紧启动版权保护工作的规划部署。贯彻落实国家版权局印发的《版权工作"十三五"规划》，继续推动《中华人民共和国著作权法》实施、加大版权执法监管力度、持续推进软件正版化工作、优化版权社会管理工作、加强版权宣传培训工作。截至12月底，安徽省著作权纠纷案件28起。其中刑事案件4起，办结1起；行政立案18起，办结14起，行政处罚12起，信息公开12起，信息公开率100%。省版权局接到各类投诉举报6起，目前已主持调解结案6起。

——加强行政执法监督。为推进新闻出版广电（版权）依法行政，经研究，省版权局开展全省新闻出版广电（版权）行政处罚案卷评查活动。以市（省直管县）为单位，在自查的基础上，推荐3份新闻出版广电（版权）行政处罚案卷（市、县区级均须有参评案卷）。省局依照国家新闻出版广电总局《新闻出版广电（版权）行政处罚案卷评查办法》组织案卷评查。省版权局印发《安徽省新闻出版广电局（省版权局）行政执法人员行为规范》，规范执法人员行政执法行为，促进版权保护工作的开展。召开全省版权执法培训暨版权管理工作座谈会，颁发获得国家版权局2016年度全国打击侵权盗版有功单位和有功个人的奖牌及证书，坚决打击盗版，减少侵权案件发生。为落实新闻出版广播影视（版权）行政处罚案例指导制度，印发第三批新闻出版广播影视（版权）行政处罚指导案例。印发《安徽省新闻出版广播影视（版权）行业失信市场主体联合惩戒暂行办法》。省版权局联合省公安厅督办重点版权案件，加强行政执法监督。

——加大版权保护宣传力度。为贯彻落实《国务院关于新形势下加快知识产权强国建设的若干意见》，加强版权概念宣传普及，庆祝第17个“4.26世界知识产权日”，省版权局开展2017知识产权宣传周版权宣传活动。下发安徽省知识产权宣传周版权宣传方案，要求全省各地精心组织开展丰富多彩、形式多样的宣传活动；会同省“扫黄办”等开展侵权假冒商品和非法出版物集中销毁活动；联合中国科学技术大学、省版权保护协会等开展知识产权博士论坛；印制宣传海报、版权宣传纪念品，在公共场合张贴和发放；在省、市广播电视台播放版权保护公益广告和系列宣传片。开展侵权盗版及非法出版物集中销毁活动仪式；组织开展版权征文活动；举办“知识产权博士论坛”暨“科技创新与区域发展研讨会”；开展系列版权公益服务活动；组织开展专项检查活动。加强版权概念宣传普及，强化全社会的版权保护意识。

政协的立法协商与法治推动工作

2017年，安徽省政协全面深入学习党的十八大、十八届三中、四中、五中、六中全会和党的十九大精神以及习近平总书记系列重要讲话精神，贯彻落实省委省政府重大决策部署，为促进“五大发展美好安徽建设”，建睿智之言，献务实之策，认真履行政治协商、民主监督、参政议政职能，为法治安徽建设发挥了应有的作用。

一、立法协商工作

立法协商是政协工作的重点，可以提高立法工作的民主性和科学性。2017年安徽省各级政协组织结合自身特点和优势，强化提案工作各个环节的沟通协商，积极推进立法协商工作深入开展，协商工作向中心聚焦、为大局聚力，开拓了立法协商工作的新局面。

——立法提案工作。安徽省政协推动承办单位把沟通协商作为提案办理的必经环节，推行“开门办案”，通过走访、调研、座谈、电话、网络等方式，主动加强与提案者办前、办中、办后的沟通联系，促进了提案精准度和办理有效度的双提升。尤其是针对经济发展、民生保障领域，积极开展立法提案工作，多项提案取得新成果。如在十二届一次会议上，省政协提出“推进我省PPP模式可持续发展的建议”提案，用以积极稳妥推进PPP模式，并取得了阶段性成效。截至2017年9月30日，全省PPP项目数250个，入库项目金额2629亿元，项目需求不断增加，规模持续扩大。再如提出“加大产业扶贫力度 增强扶贫造血功能”提案，设立专项资金，搭建融资平台，积极开展光伏发电、特色种养业、乡村旅游、农村电商等产业扶贫实践，取得了一些成效。

——立法协商工作。安徽省政协高度重视立法协商工作，围绕工作重心，服务大局，全方位开展立法协商工作。如省政协举办“加快建设技工大省”专题协商会，创新技工大省建设动力机制，建立健全现代职业教育体系，提高技能人才综合待遇，加强民营企业技工队伍建设，建立健全效果评价机制和信息网络体系，切实提高农民工培训的针对性和实用性，完善法规制度、强化体系建设、加强政策引导，大力推广现代学徒制。再如宿州市积极制定《2017年政协重点民主协商活动计划》，并针对“新汴河景区管理”的重点项目召开立法协商会议，宿州市政协成立了立法协商活动筹备工作领导小组，组织部分市政协委员及市直相关部门负责人及专家学者协同开展工作。各课题组先后赴新汴河景观带和省内外相关地市开展调研考察，学习外地先进经验，同时多次召开座谈会，详细了解新汴河景区发展状况，全面分析梳理当前景区管理中存在的问题。宿州市政协依据《水利风景区发展纲要》《水利风景区管理办法》等，编制新汴河水利风景区总体规划，综合调研组在广泛吸取各课题组意见建议的基础上，反复修改提炼，撰写完成《关于新汴河风景区管理办法的建言报告（草案）》。如淮南市根据《民主协商活动计划》安排，该市政协召开“推进体育事业发展”界别协商会，推进体育事业与文化旅游、全民健康融合发展。市政协成立界别协商活动筹备工作领导小组，制定《“推进乡村旅游发展”界别协商活动筹备工作方案》，针对宿州市旅游情况，市政协综合调研组在广泛采纳各组意见建议的基础上，反复讨论修改，最终形成《关于推进宿州市乡村旅游发展的建言报告（草案）》。

二、法治推动工作

2017年是全面推进依法治省承上启下的一年。安徽省政协在先前工作基础上，继续深入开展执法监督、法律普及、法律教育等相关法治推动工作，积极支持依法治省、依法行政的推进工作，不断开创法治安徽建设的新局面。

——加强法治工作部署。省政协十一届五次会议的政协委员举行分组会议，讨论《政府工作报告》，紧扣全省工作大局和人民群众关注的实际问题，聚集五大发展行动的战略重点和关键环节，深入协商议政，积极建言献策，推动各项改革发展举措落到实处，为全省经济社会持续健康较快发展作出新贡献。省政协十一届五次会议通过了省政协提案委员会关于十一届五次会议提案审查情况的报告，大会共收到提案924件，经审查，立案826件。其中，经济建设方面399件，占48.3%；社会建设方面284件，占34.5%。政协第十二届全国委员会第五次会议共收到提案5210件，根据《政协全国委员会提案工作条例》，经审查，立案4156件；对过于宏观、短期内难以落实或学术研讨性等提案，作为“意见和建议”

送有关部门参考920件；对内容相同且符合立案标准的作并案处理110件；对建议滞后或推介相关产品、项目等提案，作撤案处理24件。在立案提案中，集体提案402件，占立案提案总数的9.67%。其中民主党派中央和全国工商联提案301件，人民团体提案36件，界别和小组提案54件，政协专门委员会提案11件。

——加强督查工作。省政协通过组织多个调研组，分赴各地对政协工作决策部署贯彻落实情况进行监督督查。如省政协召开全省实体经济发展情况通报会，围绕“促进实体经济健康发展”进行专题协商，并前往宣城，宿州等市进行法治建设情况的实地考察。省政府发展研究中心协助省政协提案委员会，从创新、协调、绿色、开放、共享五个方面，对省政协十一届五次会议已立案的831件提案进行了梳理分析，撰写了提案建议综述；并对68件重点提案进行编辑、形成了摘要，并报送省政府。同时，省政协召开重点提案督办会，督促提案办理进程和办理质量，增强提案办理实效。

三、加强自身建设

安徽省政协在认真完成本职工作外，也认识到加强自身建设的重要性。2017年，安徽省政协继续改进工作作风，大力推进政协组织自身建设，充分发挥委员主体作用，努力打造工作一流政协机关，不断激发政协工作的生机活力。

——加强政协机关建设。安徽省政协为了找差距、补短板、提效能，推进工作一流政协机关建设，采取多项措施，扎实推进政协机关建设。如2017年省政协废改立各项工作制度37项。同时，省政协开展每项重点活动之前，都要组织召开情况介绍会，省委、省政府或有关部门负责人围绕活动主题详细介绍相关工作推进情况、存在问题和下步打算，让参与协商活动的委员知情明政，为开展调研打好基础，为更有效地开展好民主协商活动提供了坚实保障。再如深入创新和完善反映社情民意信息工作机制，增加基层政协信息联系点，加强信息员队伍建设，拓宽信息来源渠道，完善升级信息报送系统，加强省领导批示及重要信息的跟踪了解。

——加强理论知识学习。在2016年省政协各专委会分党组成立的前提下，专委会党的领导显著加强。通过制定各专委会工作指南，提高了专委会工作规范化、制度化、程序化水平，专委会的基础性作用得到充分发挥。并以此为核心，多次开展党组中心理论学习会。如安徽省政协召开动员会，进一步学习贯彻习近平总书记对推进“两学一做”学习教育常态化制度化的重要指示、中央座谈会及省委有关会议精神，按照省政协党组部署要求，对省政协机关推进学习教育常态化制度化暨开展“讲政治、重规矩、作表率”专题教育进行动员部署。再如全国政协十一届二十四次常委会议通过《关于学习贯彻中国共产党第十九次全国代表大会精神的决议》，在认真学习十九大精神的同时，明确了深入学习十九大精神是当前和今后一个时期全省各级政协组织、政协各参加单位和广大政协委员的首要政治任务，同时要以十九大精神统领专委会分党组建设，按照新时代党的建设总要求，切实担负起政治领导责任，把党的领导贯穿于专委会工作的全过程和各方面。

法学研究和教育工作

2017年，安徽省法学会认真贯彻党的十八大、十八届三中、四中、五中、六中全会和党的十九大精神及习近平总书记系列重要讲话精神，紧紧围绕省委、省政府中心工作，在组织开展法学研究、推进法学交流、服务司法实践、加强法治宣传、人才培养和自身建设等方面取得了新成效，较好地完成了各项工作任务。

一、法学研究工作

安徽省法学会在先前工作基础之上，紧密结合省内实际，坚持立足“四个全面”战略布局，始终坚持理论创新与实践创新相结合，深入推进法学研究工作开展，对事关法治建设全局、事关改革发展稳定等重大问题组织开展法律研究，有效推动法治社会发展。

——完善工作布局。为了有效完成各项研究课题，安徽省法学会于年初即制定研究课题计划。首先，为了进一步做好课题编制工作，省法学会面向全省公开征集研究课题选题建议，共计收到课题建议29条；其次，首次召开课题征集评估专家咨询会，通过专家论证的方式做好课题选题的遴选，切实提高研究课题的实效性。经过多方论证，最终确定16项优秀选题建议为2017年度课题选题指南，并面向社会公开招标。各市法学会、部分研究会积极踊跃组织申报，80多个课题组申报课题，共立项重点课题2项，一般课题11项，委托课题1项。这些课题的申报与研究为“平安安徽”“法治安徽”建设提供有力的理论支撑和智力支持，具有前瞻性和可操作性。

——丰富学术载体。学术载体是法学研究的平台与基础，法学研究的展示和交流离不开学术载体的支撑与支持。安徽省高度重视学术载体建设，如为充分展示安徽法学研究成果，编发《法治建设决策参考》和《安徽法学》两本杂志；在先前“安徽法学文库”出版计划的工作部署下，经委务会研究同意后，出版《地方立法专题研究——以我国设区的市地方立法为视角》；再如，积极响应第十二届中国法学青年论坛主题征文活动，对2017年会员在中国法学会论坛中获奖的优秀论文进行出版刊登。通过丰富相关学术载体，宣传法学研究前沿信息最新动态，鼓励支持会员加强法学理论研究，为促进研究成果转化提供了新的平台。

——加强法学交流。法学交流是推动法学研究工作的重要手段，通过交流学习，有效提高法学研究水平。2017年，安徽省坚持“走出去，请进来”理念，积极组织开展法学研讨交流活动，法学交流活动硕果累累。

省内交流日趋频繁。主要依托如省法学会和安徽法制报社联合举办的“法学专家面对面”等交流活动，2017年全年共举办十三期“法学专家面对面”活动，聚焦法学热点，展开深入讨论。走进各县（市、区），积极促成省内法学专家间相互交流，加强省内法学文化交流学习。除此之外，辅以开展如模拟法庭、安徽省大学生未来律师辩论赛等多种比赛形式，丰富法学交流方式，增加法学学习趣味性，将大学师生纳入法学交流角色中。如为更好落实中央宣传部、司法部、全国普法办等部门《关于推动民法总则法律知识进机关、进乡村、进社区、进学校、进企业、进单位的通知》要求，及时组织有关法学法律专家学者举办学术研讨会，动员专家学者走进校园，走进《民法总则》，对《民法总则》的创新与亮点进行深入解读，与校园师生共同研究《民法总则》修改带来的现实改变，探讨展望民法典的制定完善；再如在蚌埠市举办了第十期“法学专家面对面”活动，活动以聚焦“公民个人信息保护”为主题，邀请省市法律院校、政法实务部门等专家、学者参加，结合典型案例，进行深入剖析，提出了许多有针对性、可操作的对策建议，收获颇丰，进一步激发了法学法律工作者投身法学研究和法治实践的热情，也更进一步深化学术探讨，有效发挥法学会的融合交流功能；还如针对司法责任制改革问题，省、市级各界的法学法律专家学者和司法实务工作者们在蜀山区法院对此进行了深入研讨，热论司法人员分类管理、法官职业保障改革等改革中存在的难点和焦点问题，对进一步推进司法责任制改革提出了较好的意见建议。

积极与省外开展交流活动。通过深入主持并参加具有区域特征的法学交流活动，省法学会不断提高自身法学研究水平。如时隔一年再次承办“中部崛起法治论坛”，成功完成举办论坛所涉及的材料、会务、后勤保障等基础性工作，并进一步完善成果转化以及统筹规划本省与湖南、江西、河南、山西、湖北等中部省份的协调工作，论坛综述的撰写也丰富了省法学会组织相关活动的经验。本届论坛共收到论文1025篇，中国法学会终评选出一等奖8篇、二等奖20篇、三等奖30篇，其中安徽省获奖12篇，另有优秀奖12篇，居中部各省第一；再如积极组织会员参加第十二届中国法学青年论坛、第十二届中国法学家论坛征文活动。通过向各地市和各研究会及高校寄发征文通知、在微信群和学会网站上发布公告等方式，鼓励和支持各方会员参加本次主题为“深入推进司法体制改革”论文征集活动。会员申报热情较高，共计收到征文151篇，其中9篇论文在中国法学青年论坛获奖。此外，省法学会对本次征文活动的组织工作也得到中国法学会认可，省法学会获得“优秀组织奖”荣誉称号。又如省法学会积极参加由中国法学会指导，上海法学会承办的第十四届“长江法学论坛”活动，22篇参选论文获奖，居省市第一，其中一等奖1篇，二等奖2篇，三等奖3篇。

二、法学宣传教育工作

2017年是安徽“七五”普法的关键一年。在深入贯彻省委、省政府的工作部署前提下，结合社会新的发展需要，多方面开展法学宣传教育工作。

——深入开展传统宣传工作。报告会、宣讲会等方式对于普法宣传具有不可替代的作用，安徽省一直以此类形式为依托，扎实开展宣传工作。如省法学会组织召开学习党的十九大精神法学专家座谈会。党的十九大精神的学习、宣传与贯彻不仅是当前一个时期的首要政治任务，也将是今后一段时期的首要政治任务。此次座谈会，省法学会邀请省委党校、省社科院、合肥工业大学、安徽大学等省内高校法学法律专家围绕法治建设主题，畅谈对党的十九大精神的所思、所想、所感、所悟，进一步提升对党的十九大精神的理解和把握。再如继续开展“双百”工作。根据中国法学会《2017年“百名法学家百场报告会”法治宣讲活动指导意见》的要求，省法学会结合全省实际，印发《关于印发〈2017年“百名法学家百场报告会”安徽专场法治宣讲活动实施方案〉的通知》，组织开展2017年“双百”系列活动，先后在合肥市、淮北市、宿州市、蚌埠市、阜阳市、淮南市、芜湖市、宣城市、池州市、铜陵市和黄山市举办了21场法治宣讲报告会，于马鞍山市举办全市首届“法治文化月”法治宣传教育论坛，有效宣传了思考和处理问题的法治思维和法治方式。

——积极拓展新式宣传工作。积极把握新媒体下的宣传平台建设，有力占据法治宣传教育的高地。如用心维护省法学会的微信公众号，全年共推送39期、120篇文章。内容涉及习近平总书记系列重要讲话及中央有关文件、党的十八届五中、六中全会、党的十九大等传达的政治法律问题，以及相关文件所涉及的社会热点法律问题；再如完善学会网站的信息维护工作和信息更新工作。与网站养护公司保持联系，做好网站的日常维护工作，确保网站正常运行，同时对网站信息及时更新。一年来，网站原创信息和转载中国法学会网站信息共142条。鉴于网站版式陈旧，功能不全，不能适应工作需要的情况，经委务会同意，对学会网站进行了改版升级，便于更好地开展好各项宣传工作。同时按照中国法学会关于基层行工作的部署，结合全省实际，与省司法厅、团省委会签印发《关于印发〈安徽省2017年“爱祖国、学法律、创和谐”青年法学家和青年普法志愿者法治文化基层活动实施方案〉的通知》，组织开展年度法治文化基层行活动。此外，全省各市组织也开展了丰富多彩的宣传活动。合肥市的“小手拉大手”、淮北市的“扫码抢红包”、淮南市的“普法八个一[①]”、安庆市利用“三微[②]”进行法治宣传教育等做法形式新颖，宣传效果显著。宪法日宣传活动和爱心助学等活动也为法学的宣传和普及做出了贡献。2017年，全省共开展各类活动约1000场次，受到当地群众的好评，取得明显成效。

三、加强法学会自身建设

安徽省法学会一直高度重视法学会自身的建设和发展，立足于建立长效的发展机制，努力克服发展难题，安徽法学会的发展进入了新的阶段。

——组织机构调整。首先，设立中共安徽省法学会党组。根据中国法学会的要求，及时向政法委领导报告设立相关事宜。在委领导的重视和积极协调下，7月11日，省委批复同意设立中共安徽省法学会党组；其次，明确登记管理关系。一直以来，省法学会作为参公管理的群众团体，一方面由省编办直接管理，另一方面又作为社会组织在省民政厅登记年检，双重管理造成领导干部兼职受限制等诸多问题，不

①“普法八个一”指法治文化一条街、一条法治文化长廊、一个法治文化广场、一面法治文化墙、一个法治宣讲团、一支法治文艺宣传队、一个法律图书角和一套普法读本。

②“三微”指微电影、微博、微信。

利于工作的开展和省法学会的长远发展。通过主动与省民政厅沟通联系，并根据省委组织部《关于省法学会机关部室列入参照管理范围的批复》和省编办《关于省法学会为群众团体的复函》文件精神，安徽省法学会不再作为省级社会组织登记管理，进一步理顺了登记管理关系。

——全面加强思想政治工作。深入推进“两学一做”学习教育活动常态化、制度化，根据机关党委2017年党建工作要点和有关通知要求，法学会机关党支部积极开展“两学一做”学习教育活动。根据机关党委的统一安排，组织召开学习党的十九大精神法学专家座谈会，深入学习党的十九大精神，围绕法治建设主题，分析新时代中国特色社会主义背景下的法治建设问题，有效提升法学研究工作中的中心意识、大局意识。

——加强基层建设。安徽省一直推进基层法学会的建设工作，2017年，根据省委《关于进一步推动县（市、区级）法学会组建工作的通知》的部署，结合年初法学会工作安排，并于淮北市和黄山市召开全省法学会工作南北片区座谈会，要求督促各市法学会今年底前完成县（市、区）法学会的组建工作或完成筹备工作的总要求，截至2017年底，全省已有53个县（区）成立了法学会。

下篇

法治安徽调研报告

关于未成年人社区矫正检察监督实证研究[①]

摘　要：在我国，社区矫正的概念虽早已存在，但社区矫正的作用发挥不够明显。安徽省作为社区矫正第二批试点省份，在社区矫正中不断创新，取得了许多优异成绩，但在实践中仍然存在许多问题亟待解决。通过此次实地调研，了解社区矫正制度的实行情况，特别是了解社区矫正制度中存在的突出问题，从而更好地维护未成年人合法权益，预防未成年人违法犯罪行为。

关键词：未成年人；社区矫正；检察监督

我国社区矫正工作从2003年开始试点，2009年全面试行，2013年修订后的《中华人民共和国刑事诉讼法》明确规定对被判处管制、宣告缓刑、假释或者暂予监外执行的罪犯，依法实行社区矫正。2017年8月14日，省司法厅召开工作会议研究部署全面推进购买社区矫正服务试点工作。9月4日至7日，全国社区矫正教育管理工作培训班在安徽省举办，此次培训班的举办既表明了安徽省对社区矫正工作的重视，也是对安徽省社区矫正工作成绩的肯定。为保证安徽省

---

①指导教师：韩瀚；

团队成员：鲍健、胡蝶、杨青青、董王敏、陈雪芹、陈媛媛、张古月、蒋冉、许霜霜张雨晴、张鹏、吴帆、杨晨光、吴克、杨明霖。

社区矫正工作的顺利开展，全面贯彻落实党的十八大和十八届三中、四中、五中、六中全会以及党的十九大精神，安徽省人民政府根据最高人民法院、最高人民检察院、公安部、司法部《关于开展社区矫正试点工作的通知》和《关于扩大社区矫正试点范围的通知》要求，结合全省实际制定了《安徽省社区矫正试点工作方案》，着力构建合理的社区矫正工作体系。

一、未成年人社区矫正检察监督基本情况

作为社区矫正工作的重要实战平台，社区矫正中心已经在安徽省县级层面“全面开花”。2012年6月，安徽省正式启动县（市、区）社区矫正中心建设工作，在淮北、马鞍山等县、区进行试点，2013年6月在全省全面推行。截至2014年12月，全省108个县（市、区）社区矫正中心已经全部建成并投入使用，中心总建设面积4.3万余平方米，累计投入建设资金7956万余元。自社区矫正中心投入运行以来，安徽省共办理接收社区服刑人员51553人，开展集中矫正宣告35646次、集中教育及培训6423次、训诫谈话3632人次，有效发挥了中心的监管教育实战平台作用。统计数据显示，截至2017年9月底，全省共建成社区矫正中心2075个，占全国县（市、区）建制数的72.6%。作为全国社区矫正第二批试点省份，近年来，安徽省司法行政机关不断强化基层基础建设，创新监管教育手段，全面推进社区矫正工作发展并取得了新成效。截至2017年底，安徽省累计接收社区服刑人员16.6万人，解除矫正13.1万人，矫正期间重新犯罪率控制在0.11%，

实现了“接得上、管得住、控得牢、矫正好”的目标，取得了良好的社会效果和法律效果。

此次调研主要在芜湖市开展，采用座谈会的形式，芜湖市司法部门、检察机关等调研单位为我们安排了专门负责社区矫正的工作人员与我们进行座谈。通过座谈，我们对芜湖市的社区矫正工作有了更加全面和深入的了解。

我们了解到，芜湖市认真贯彻落实全省对社区矫正检察监督的具体要求，司法局安排专人对社区矫正人员进行实时监督，检察院每半年开展一次对未成年人社区矫正活动的定期监督，包括对相关司法机关的文书、人员交付、社区矫正机构建立监管档案、成立帮教小组等。此外，检察机关根据监督的重点或存在的重大问题与重大案件，开展不定期监督检查。普遍监督与重点监督相统一。所有的未成年人社区矫正活动都列入检察机关的监督范围内，这是普遍监督。对涉黑涉恶等未成年犯，则根据其犯罪性质，危害程度，监督矫正机构对其予以重点监管。

在调研中我们了解到，各基层司法机关在社区矫正检查监督中的作用日益凸显。弋江区“仁杰社会工作服务社”成为芜湖市首获批准的第一家专门从事社区矫正工作的社会组织。这既是对弋江区司法局培育孵化社会组织参与社区矫正工作的肯定，也是区司法局进一步做好社区矫正工作的开始。同时，在做好社区服刑人员日常监管标准化、精细化的基础上，不断加强研究探讨，努力打造可操作、可复制、可推广的社区矫正工作“弋江模式”。

但在调研中，我们也发现了未成年人社区矫正检察监督工作中的一些问题。首先是人力资源不足，例如芜湖市某司法所仅有一位负责社区矫正的工作人员，他在负责24名社区矫正人员的监督工作的同时，还负责扫黄打非等其他工作，工作压力非常大，堆积如山的工作使其在负责检察监督的过程中很难严格遵循法定的监督程序，影响工作成效。同时，在这24人中有2人属于未成年人，但因其工作任务繁重，他对未成年矫正人员也实施了统一管理，对于未成年人的保密、封存等特别规定难以给予充分重视。

其次是物资消耗大，佩戴电子手铐的现代化监督方式难以实施。根据司法局人员透漏，一个电子手铐需2000元，社区矫正人员佩戴时极易损坏，更有甚者出现一个星期更换一次电子手铐，损耗太大，社区矫正费用难以维持，因此出现“有规定、难实施”的情况。另外，还有检察力度不足、制度不完善、信息沟通困难、职务犯罪呈现高发态势等其他一些亟待解决的问题。

针对以上问题，调研小组通过数据分析、资料查询、小组讨论等方式对未成年人社区矫正检察监督出现的问题及原因进行了分析，并提出了相关建议和意见。

二、调研中发现的问题及原因分析

1.社区矫正职能部门之间衔接配合力度不够

在未成年社区矫正人员由“监禁”走向“非监禁”的过程中，未成年人社区矫正检查监督缺少程序上的衔接，具体表现在以下几个方面。

首先，检察院、监狱机关、看守所、社区之间缺乏联系，没有建立便利的联系渠道，对矫正情况及问题掌握不够。如在交付执行阶段，监狱机关或看守所将矫正对象交付社区时，会向社区发出通知，一般是由矫正对象自行到社区报到。但矫正对象出狱或出所后，可能会利用“空档期”进行其他活动，这一“空档期”从实质意义上说，矫正对象已经脱离了监管。监狱机关或看守所认为被矫正人员应当到社区了，但社区往往认为监狱内的程序尚未走完因而被矫正人员未到。在这种情况下，检察机关要么由于未接到监狱通报，不知道被矫正人员的基本情况，因而没有监督；要么由于被矫正人员已经流入社会，而难以开展监督。调研发现，在2017年芜湖市某区的200多名矫正对象中，在交付执行阶段有1/5的被矫正人员出现了空白期脱管现象，其中未成年矫正对象有2～3人。

其次，在实际社区矫正工作中，公、检、法、司等职能部门之间的配合协作也存在一些问题。调研发现，法院、监狱、看守所特别是外地法院在送达法律文书及其他相关材料时，存在法律文书不齐全、送达不及时、错送、漏送等问题，多通过邮寄方式送达，对于执行机关是否收到法律文书则放任不管。对于人户分离的未成年矫正对象，户籍与居住地之间缺乏有效衔接。在实践中，部分未成年犯往往自觉性不够，不能按照规定在接到生效判决书、裁定书、决定书、释放证明书后7日内到户籍所在地的乡镇（街道）司法所办理登记手续。基层司法所普遍存在“见档不见人”的现象，导致社区矫正无法有效执行。

再次，司法和公安派出所协作配合力度不够。在调研过程中，基层司法所普遍反映，在社区矫正工作中，“两所”协作配合情况不乐观。当司法所请派出所对屡次不服监管教育甚至对抗监管的未成年社区矫正对象进行训诫、警告等惩罚措施时，有的未成年社区矫正对象没有在规定时间内到司法所报到、而司法所又查找不到请派出所对下落不明的矫正对象进行查找时，有的派出所重视不够，常以工作忙或人手不够为由消极应付，致使司法所工作很被动，影响了刑罚执行的强制性和权威性。在调研中我们还了解到一个真实案例，一名社区矫正人员在矫正期间因为实施了二次犯罪被公安机关抓捕，但公安机关并未与负责该人员矫正工作的司法所联系，致使该司法所在茫茫人海中寻找该矫正人员数月。这都真实地反映了“两所”之间缺乏有效沟通的问题。

2.监督信息获取难

第一，交付执行监督信息获取难。调研发现，在实践中，决定机关在抄送检察机关相关法律文书时容易出现遗漏、丢失、送达不及时等问题，而社区矫正机构又不能及时将入矫信息通知检察机关，检察机关难以掌握到交付执行的完整信息。第二，管理监督信息获取难。无论是成年人还是未成年人的社区矫正工作档案多存在造假嫌疑，记录千篇一律，教育学习和社区服务时间填写不规范等问题，而实地调查和面对面谈话则力不从心。如芜湖市某区共20个乡镇司法所，2017年社区矫正对象200多人，其中未成年人矫正对象17人，其中12人已解除矫正，现在矫内人员有5人，其中缓刑1人，管制4人，2～3名检察人员很难高频次地到每个司法所开展检察监督工作。第三，终止执行监督信息获取难。

实地调查监督难以落到实处，而书面审查又很难发现违法问题。如芜湖市某区人民检察院一年来发出的100多份法律监督文书中，没有一起终止矫正违法违规行为是通过对书面材料审核发现的。

3.检察监督工作队伍配备不足

工作人员较少、资金匮乏。实地调查发现，检察机关在对未成年人社区矫正的监督方面的人员配备明显不足。一方面，未成年人检察监督的工作人员数量极少。很多检察院的检察员是身兼数职，未成年人社区矫正监督工作很多时候是名存实亡。根据芜湖市某区司法所工作人员介绍，该司法所只有一人负责社区矫正工作，而当时的被矫正人员有24人（其中未成年罪犯2人），检察机关也只有一人对他们进行监督。不仅芜湖存在这种问题，安徽省其他地区也存在人员缺少的问题。以萧县为例，萧县人民检察院监所检察人员共有3名，监所检察人员与社区矫正对象的比例为1:150，人员严重不足[①]。另一方面，资金极度匮乏。因为对监督工作投入的资金少，一些检察院并未给工作人员配备出行工具，工作人员往往是和其他部门共用车辆甚至使用私家车。有时检察机关人员进行未成年人矫正监督的时候需要走很远的路，这给检察监督工作带来了极大的不便。

通过调查分析，产生这些问题的原因主要有两个方面：第一，检察院重视程度不够。通过查阅资料得知，由于检察监所工作是较为纯粹的监督工作，一般不具有实体或程序上

①杨亚，王晓黎，李勤峰，孙静．未成年犯社区矫正实证研究——以安徽省萧县社区矫正实践为视角[J]．社会与法，2014(1)．

的决定性作用，对其他部门也不具有推动程序流转的功能，因此在检察院中并不被重视。以安徽来安县实际情况为例，人少是因为工作人员的工资和政治待遇低，且很难得到被重用的机会，导致招录的人员留不住①。同时，领导在人员分配上给监所的名额较少，甚至将监所检察工作当作是对老检察员的“休养”安排，在资金分配上本着工作有“轻重缓急”之分的原则，总是把资金优先投入其他工作，对社区矫正监督的投入少之又少，甚至连工作车辆都未能配备。第二，监督工作人员的学习不够，不了解监督的具体工作。工作人员对待检察工作的态度也不够重视且存在误解，大多数检察监督员只是将它当作一种边缘化的职业，不愿意到此部门来工作。相对于检察院提起公诉、监督公安机关侦查立案等工作，对未成年人社区矫正的监督工作是一种新的职责。很多人只知道监督权的存在，但对具体如何监督、怎样行使权力并不了解。新的《刑事诉讼法》赋予其许多新的职能，若不通过学习，检察员的业务水平只会停留在过去，也不能了解新的工作如何开展。

4.监督工作往往不区分未成年犯和成年犯

在调查中，我们发现一些工作人员将未成年犯和成年犯混为一谈。但《中华人民共和国刑事诉讼法》第二百六十九条明确规定，对被拘留、逮捕和执行刑罚的未成年人与成年人应当分别关押、分别管理和分别教育。现实执行监督过程中，检察机关有时会对矫正机构将未成年罪犯与成年罪犯一

①黄毅．强化社区矫正检查监督的必要性和可行性——以安徽省来安县为例[J]．安徽警官职业学院学报，2013(2)．

起接受教育的安排视而不见，未能进行有效的监督和制约。

究其原因：第一，社区矫正主体多元化导致检察监督的工作难以落实。《社区矫正实施办法》规定司法所承担社区矫正的日常工作，社会工作者和志愿者在社区矫正机构的组织指导下参与社区矫正工作，学校、监护人等协助矫正机构进行社区矫正。但是在实践过程中，往往是由经验不足的志愿者和社会工作者实施未成年犯的矫正工作。由于存在工作人员经常变动和对相关法律知识了解不够等问题，导致检察监督工作难以有效进行。第二，负责矫正的工作人员法律意识淡薄，缺乏专业知识。在实施矫正工作时，将未成年犯和成年犯视为同种个体，不清楚他们之间的巨大区别，为了省时省力，无视法律的规定。所有工作统一安排，严重影响了社区矫正的效果。

5.监督手段单一

目前，在社区矫正过程中对于矫正人员的监督措施并没有太多创新，监督手段单一、监督方式滞后的问题亟待解决。在与多个司法部门的社区矫正负责人员的交流中，我们了解到目前对社区矫正人员所采取的手段主要有两种：第一种是社区矫正人员定期报到。目前，芜湖市司法机关基本都采用了这种方式，最普遍的是要求矫正人员每一个月到司法机关报到一次，主要采取刷身份证的方式进行记录。第二种是佩戴电子手铐。这种方式是最近几年才投入使用的，通过手铐随时对社区矫正人员进行定位，对矫正人员的位置信息做到实时了解。然而这两种方式在实践中都存在着明显的缺陷。定期报到无法对矫正人员进行有效监督。每月仅有一次报到，报到只需要刷身份证，对其余时间社区矫正人员状况的了解几乎空白，难以全面及时地掌握社区矫正人员的矫正状况。佩戴电子手铐虽然可以随时掌握社区矫正人员的位置信息，但并不是所有矫正人员均适合佩戴电子手铐，有些社区矫正人员由于从事的职业的原因，导致电子手铐损耗极大，而电子手铐成本较高，如此消耗，在司法机关原本经费有限的情况下很难承受。

6.检察监督刚性不足，缺乏有效的惩治措施

在社区矫正过程中，即使检察机关发现了违法违规的现象，并且也向有关司法机关制发了建议书和意见书，但仍然存在很多司法机关无视建议书的情况，与检察监督机关“打太极”的现象也屡见不鲜。

究其原因我们认为，虽然《刑事诉讼法》规定了检察机关对于社区矫正具有检察监督的权利，但却并没有赋予检察机关相应的执行权力。在现阶段的社区矫正中，检察机关对于矫正过程中发现的违法违规问题，主要是通过向司法机关制发检察建议书或者是意见书进行解决，由于这些意见书与建议书是由检察机关自己制定的，对外缺乏执行效力，接收机关大多既不抗议也不履行，而是采取一种“冷对待”的态度，监督的效力却要依赖被监督机关来实现。这都是检察监督刚性不足，缺乏强制执行力的后果。

7.社区矫正成为职务犯罪的高发点

在调查中我们了解到，随着社区矫正的发展和判处社区矫正案件的日益增多，社区矫正工作人员的职务犯罪率也在不断增加。近年来安徽省社区矫正职务犯罪案频发。如黄山

市屯溪区司法局某司法所所长方某某、蒙城县司法局刘某某、淮北市烈山区司法部门权某等都是社区矫正工作中职务犯罪的典型。目前，社区矫正工作中职务犯罪主要集中在以下三方面：在执法中徇私舞弊、受贿、索贿；玩忽职守、弄虚作假；帮助社区矫正人员逃避处罚。究其原因主要有：监督体制不完善，社区矫正仍处于初步发展阶段，相关的配套制度不够健全；部分官员受利益驱动，立场不坚定；为了逃避惩罚，掩盖工作不力的问题，对某些问题刻意隐瞒不报；等等。

三、措施建议

要从根本上扭转基层监所工作的被动局面，可能还需要较长的时间，但近期可以从以下几个方面入手尽可能地提升基层监所检察工作水平。

1. 建立工作联席机制，实现“监禁”走向“非监禁”无缝对接

建议建立社区矫正工作联席机制，公、检、法、司四部门就未成年矫正对象交接、文书送达、建档备查、日常管理、监管监督等问题共同制定实施方案，确保未成年矫正对象在不同部门之间交付执行的“无缝衔接”。

在目前无统一立法的情况下，各地检察机关可通过地方性的联合会议，密切与看守所、监狱等机关间的工作流程，建立流程跟踪程序，争取做到流程上的“无缝衔接”。建立派驻监狱、看守所检察室“监外执行罪犯出狱、出所和列管后

的‘双告知’制度”[①]。对于被羁押的未成年人，由“监禁”走向“非监禁”的过程中，检察机关在收到告知后，要及时、严格审核非监禁刑适用条件并及时启动流程跟踪程序，真正将法律监督职责落到实处。从刑事案件的流程来看，检察机关要主动加强与人民法院、公安、司法部门的联系，掌握判决裁定、交付执行、教育管理、矫治解除的基本情况，做到流程不留死角。

公安机关要协助司法行政等部门，加大对社区矫正的宣传力度，使广大群众、社区组织和相关单位积极参与未成年犯社区矫正工作，切实增强矫正效果。基层派出所要配合司法所，依法加强对未成年矫正对象的监督考察。对实施矫正期间违反考察规定、不服从管理的矫正对象，要根据具体情况，或批评教育、口头警告，或依法予以治安处罚，或建议取消假释、缓刑等，对重新犯罪的未成年矫正人员要及时依法予以处理。

具体实践中我们可以参考濉溪县的做法。近年来，濉溪县人民检察院通过创新监督体制，多措并举，不断强化对司法局的检察监督，严防矫正人员出现脱管、漏管，取得了连续三年无脱、漏管的好成绩。总结其经验，主要有四点：一是建立《社区矫正人员报到情况通知单》，要求矫正人员亲自到监所科、派出所、司法所、公安局治安大队送交《通知单》，盖章报到后再入矫；二是强化对矫正人员的教育，在矫正人员到监所科后，由监所干警对其进行教育；三是电话走访制度：监所科采取每周打电话的形式进行走访，对无法取

①王峰，孙振江．试论社区矫正检察监督的缺陷与完善[J]．中国司法，2010(3)．

得联系的矫正人员，由司法所进行查找并说明理由，一个月内未查找到的，要及时启动收监执行程序；四是查看矫正人员档案，每月一次，认真核查矫正对象档案。

2. 加强信息网络建设，增强社区矫正各职能部门之间的信息沟通共享

检察机关要加强对未成年人社区矫正的监督，就必须建立异域的矫正联网与通报等工作衔接机制。为此建议：第一，建立专门的社区矫正网，查阅全部矫正对象的资料和管理档案，随时与矫正对象进行联系和沟通，实现矫正管理的信息化。第二，建立定期通报制度，保证检察机关和社区矫正机构数据的一致性和准确性，同时也能适当缓解检察人员的实地调查监督的压力。第三，司法行政机关应当建立并完善社区矫正人员的信息交换平台，推动与人民法院、人民检察院、公安机关互联互通，利用网络及时准确传输交换有关法律文书，根据需要查询社区矫正人员脱管漏管、被治安管理处罚、犯罪等情况，共享社区矫正工作动态信息，实现网上办案、网上监管、网上监督。第四，在保障安全保密工作的基础上，让所有的社区矫正相关法律文书通过统一的社区矫正信息工作平台流转，将电子定位监控、教育学习、社区服务签到计时系统等全部进行信息化处理，实现交付和接收无缝对接、资源共享、网上办公、消息通知、定位监控、信息互动、统计查询等。检察机关可以通过该平台将社区矫正各参与方纳入监督系统，做到从调查评估、报到入矫到解除矫正全程执行信息实时监控。

3.加强工作人员对检察监督的学习

建立社区矫正监督志愿者队伍建设，不断提高对监督工作的针对性和实效性。每个检察员都应该学习新的《中华人民共和国刑事诉讼法》和《社区矫正实施办法》，领导人员应该加强学习，合理分配工作人员和资金收入，实现同等部门同等对待。这其中，定期对检察员进行统一的培训学习和去其他成绩突出的检察院参观学习是一种有效提升检察监督工作的路径。如安徽省马鞍山市雨山区人民检察院在社区矫正检察监督领域的做法值得其他院学习，该院自2018年7月开始，连续三周每周举行一次法制教育课，详细解读《社区矫正实施办法》。条件允许的话，可以录用一定比例的社会学专业毕业生参与未成年社区矫正的检察监督工作，通过专业力量的参与，以适应未成年人的生理和心理特点，更好地保证教育、挽救、感化目标的实现，有效地保护未成年人、预防未成年人再次犯罪并促使其更好地回归社会。检察院专职人员的数量和能力毕竟还是有限的，需要吸收一定数量的志愿者参与到社区矫正中来，他们可以利用业余时间帮助开展对未成年人的矫正活动。按照志愿参与某项活动的时间长短，可以分为长期、短期、临时志愿者；按照参与志愿活动的空间，可以分为社区内、社区外志愿者；按照参与志愿活动的程度，可以分为全面参与、专题参与、暇时参与等不同类型。这些志愿者，可以有原先就从事司法行政工作的退休干部、退休教师及社区服务人员，也可以有在校的大学生等。

4.设置专职机构，配备监督的专职人员

从事未成年犯社区矫正的工作人员应该是熟悉未成年人

身心特点、善于教育感化并接受过专门训练的专业人员。因此，首先要在司法行政部门设立专门的部门负责管理未成年社区矫正工作，配备的执行人员为专业人员，具有较高的社会学、心理学、教育学等方面的专业知识。其次吸收一部分志愿者参与志愿服务活动，如社会工作者、离退休人员、大学生等，但这些人员应当具有较高的专业水平、丰富的社会经验，并热心公益事业。为了能够胜任未成年社区矫正工作，要定期对负责监督工作的人员开展犯罪学、教育学、心理学、精神科学、行为科学等知识和技能培训，不断提升其业务能力。

5.创新检察手段，丰富检察内容

一是充分调动可调动的力量，建立检察监督协作机制。社区矫正人员一旦进入社区服刑，仅仅依靠司法机关对其进行监督显然不够，需要调动各方力量一起协作进行监督。如在社区招募一定的志愿服务人员，经过培训并在司法机关指导下对社区矫正人员进行监督；对于未成年人的监督，我们应当充分发挥未成年人监护人的作用，共同对未成年矫正人员进行监督。

二是成立专门的检察监督小组。检察机关事务繁多，对于社区矫正工作的重视程度不够也是问题产生的重要原因之一。通过成立专门的监督小组，做到“专人专事”，定期走访矫正人员，与矫正人员及其家属进行交流沟通，能够更全面地掌握社区矫正人员的动态。

三是设立矫正人员日志制度。为每一名社区矫正人员配置一个日志本，用于记录矫正人员的日常表现，更加全面、完整地了解矫正人员的矫正状况。

四是建立分类监督机制。每位社区矫正人员的状况不同，所需要投入的检察监督力度自然也不同。根据不同再犯危险性对社区矫正人员进行分类，分别进行监督。再犯危险性低的适当减少检察监督；再犯风险性高的，加大检察监督力度，减少物力人力的投入，提高检察监督工作效率。

6.加强检察监督的严肃性

虽然目前在我国实体法已经将“社区矫正”入法，但在程序上对于社区矫正的规定仍然存在很大空白。随着社区矫正工作的日益发展，制定一部统一的社区矫正程序法势在必行。通过制定社区矫正程序法，明确社区矫正检察监督的相关细则，使社区矫正更加具有可操作性，赋予检察监督机关相应的强制执行的权利，明确规定违反检察监督程序的法律后果，使得监督权力真正具有实际意义。

7.强化考评，建立奖惩机制和责任追究制度

将社区矫正工作纳入公检法的年度考评体系之中，对于工作认真、态度积极的工作人员进行奖励，同时建立社区矫正责任追究制度，严肃追究失职，特别是监管不力、玩忽职守者的责任。

如何防止职务犯罪，我们可参考广西的相关做法。首先，加强对社区矫正工作人员的监督。定期查阅社区矫正工作人员的相关文档，了解工作进度。随机走访社区矫正人员，核对相关工作人员的工作记录。完善立法，严惩收受矫正人员财物或向矫正人员索取贿赂的行为。同时进一步加大走访、抽查的频率与范围，逐步让相关工作人员不敢隐瞒、

不想隐瞒。其次，加强思想教育。定期召开思想工作会议，对社区矫正工作人员进行思想教育，增加社区矫正工作人员的廉政思想。组织观看相关视频，学习职务犯罪相关案例，增加危机意识。

四、结语

十八大以来，党中央作出全面建设社会主义法治国家，构建中国特色社会主义法制体系的战略部署。安徽省作为我国的经济大省和人口大省，长期以来，认真贯彻党中央出台的各项方针政策，不断推进法治安徽建设进程。近年来，作为全国社区矫正第二批试点省份，安徽省司法行政机关不断强化基层基础建设，创新监管教育手段，全面推进社区矫正工作发展并取得了新成效。教育矫正，攻心治本。安徽省各级司法行政机关致力于研究促进社区服刑人员心理乃至行为的转变。一项制度的实行难免会遇到众多的难题，如社区矫正职能部门之间衔接配合不够；检察监督工作队伍配备不足，工作人员较少、资金匮乏；监督信息获取难。但随着相关法律体系的不断完善，在社会各界的共同努力下，社区矫正工作一定会逐渐走向科学、规范化发展之路。

“实践出真知”。经过此次调研，我们对于未成年人社区矫正检察监督工作有了更加深入的理解和认识，为我们后期的学习工作打下了坚实的基础。同时对于一项制度出台后理论层面与事实层面的差异也有了更加深刻的体会。在此次调研中，我们团队的成员职能明确、相互配合、互帮互助，在炎热的七月底，我们忙碌在芜湖市司法局、检察院、社区、街道等地方，从前期准备、实地调研、实践总结到最后调研报告的撰写，虽然我们很忙碌，也有一点疲劳，但是内心却很充实，团队成员调研的热情也很高涨。希望通过我们的调研可以让大家认识到社区矫正存在的一些问题，更好地解决未成年人社区矫正问题，不断推进社区矫正工作朝向更加科学、规范的道路上扎实有序发展，并取得新的更大的实效。

关于安徽省老年群体权益保障法治现状的思考[①]

摘　要：我国历来高度重视老年群体的权益保障问题，早在1996年就颁布实施了《老年人权益保障法》，对老年人合法权利的保护和救济起到了重要的作用。随着我国社会经济文化结构的变革，特别是人口流动性增强和新观念的涌现，传统的以家庭为中心的养老模式呈现出逐渐弱化的态势，老年人权益保障也面临诸多困境。本文是对安徽省老年群体权益保障法律现状的调研情况总结以及老年群体的需求总结，分析并提供了安徽省在老年群体权益保障改善方面的意见建议。

关键词：老年群体；权益保障；法律现状；社区服务

我国老年人口基数大。据有关资料显示，2017年全国人口中60周岁及以上人口为24090万人，占人口总数的17.3%，有些地方还高出全国平均水平。据了解，安徽省老年人已突破1100万，失能半失能老人约40万，按照当前的养老模式，90%在家养老，10%在社会和机构养老，医养结合仍处在初级

①指导教师：周仁标；
团队成员：何静怡、陈玥、陈芸芸、马辰梦、祝磊、李尚、冷洪志、朱维、张瑞、朱彩灵朱志强、余雪松、彭海梅、邵红、牛薛莉；
执　笔：何静怡、陈玥。

阶段。预计到“十三五”末，安徽省60周岁及以上年龄人口将突破1200万人，占总人口比重达19%左右。老年人口总数和比例的不断增长以及随之而来的养老问题，已经引起了国家和社会的高度重视。党的十九大报告提出“积极应对人口老龄化，构建养老、孝老、敬老政策体系和社会环境，推进医养结合，加快老龄事业和产业发展”。因此，积极重视人口老年化问题，加快老龄事业和产业的发展，构建养老、孝老、敬老的政策体系和社会环境已迫在眉睫。

我国历来十分重视老年群体权利保障与救济问题，早在1996年就颁布实施了《老年人权益保障法》，对老年人合法权利的保护和救济起到了重要的作用。但随着我国社会经济文化结构的变革，特别是人口流动性的增强和新观念的涌现，传统的以家庭为中心的养老模式呈现出逐渐弱化的态势，老年群体的权益保障也面临诸多困境。2012年8月25日，第八届社会政策国际论坛在北京召开，对老龄社会中老年人社会保障体系达成共识，认为应逐步建立覆盖全民、更加有效、更加公平的老年群体权益保障制度，重点关注特殊群体老年人需求，推动老年人权益保障和救济。然而在我们对安徽省各地的老年群体进行调研时发现，家庭和社会提供的照料服务远远不能满足老年群体的需求。城市的社区和养老机构提供的照料服务距离老年人的需求还有相当大的差距，农村的社区服务则几乎处于空白状态，农村基层组织对于老年人工作仅仅停留在处理赡养纠纷、五保户等问题上。在此背景下，本文针对当前老年群体权益保护的法律现实状况，分析并提出了加强老年人权益保障的若干应对措施。

一、调研情况概述

2018年暑期及国庆节期间，我们走访调研了芜湖市滨江社区、清苑社区、柏庄社区、鲁港社区，桐城市青草镇，宿州市朱仙庄镇、朱仙庄矿工人村、祥和小区等地，通过问卷调查、实地走访等形式，了解各地关于老年群体权益保障相关方面的问题，并通过对调研资料的收集整理分析，得出调研结果。

调查结果反映，老年人受教育程度普遍较低，小学及以下的文化水平约占85%，初中文化程度约占10%，高中以上只约占5%。同时，老年人对老年权益保障法律法规知之甚少，调查数据显示，完全不了解相关法律知识的老年人约占80%，非常了解的老年人占比大约只有2%。如今老年人的居住状态大多以夫妻相扶和独居为主，部分老人有子女陪伴，还有一部分老年人会因帮助子女抚养孩子移居至子女居住地，受社会现实状况制约和传统思想的影响，进入养老院或其他福利机构养老的老人占比相对较低。城市社区内老人收入来源以退休金为主，并且大都表示退休金发放得很及时，退休金能够满足基本的生活需求；乡村的老人收入来源以自己的劳动所得和低保为主，部分老人收入来源于子女的赡养金，养老金也只能满足基本的生活需求。

调研发现，虽然城市老人和乡村老人的生活环境不同，但大都认为老年群体最重要的权益是身体健康，而实际的医疗设施与卫生环境条件却与理想相差甚远，医疗设施落后，卫生条件不尽人意，为老年人的健康埋下了隐患。在乡村内进行调研时老人们表示权益受侵害的情况较多，其中有部分子女依旧是啃老族，老人仍需为子女提供财力支持；还有来自家庭儿女、亲戚的虐待，以及社会其他成员的歧视和侵害等。且大多都不知道该通过何种途径解决，缺乏自我保护意识和能力。乡村的社区服务发展滞后，内部缺乏必要的法律援助，无法为老人的需求提供相应的服务和援助。

二、调研情况分析

通过调研发现，老年群体权益保障方面存在的问题主要表现在以下几个方面：

（一）微观层面

1.法律知识普及率较低，老年群体法制观念淡薄

芜湖市、桐城市和宿州市等几个社区和乡村内对老龄工作重要性的认识不够、意识不清晰、法律宣传力度有所欠缺。学校中尊老敬老的宣传教育还未常态化，全社会对老年群体的关注度和重视度不够，尊老敬老的氛围不够浓厚，社区和村委会老年保障工作不到位、意识薄弱。这不仅导致老年人法制观念不强、维权意识淡薄，还使得政府无法调动社会各层级、各方面力量来促进老龄事业的发展。因此很多老人不了解《老年法》《中华人民共和国老年人权益保障法》，特别是在农村，还有相当一部分老年人不知道有保护自己权益的法律存在，即使知道有法律能够保护自己权益的，但由于各种原因如传统思想、经济条件等，不愿意拿起法律武器来维护自己的合法权益。

2. 尊老的文化传统受到冲击

尊敬老人是我国的传统美德，但是随着经济社会的快速发展，尊敬老人的传统观念受到了很大的冲击。一是在我们调研的几个乡村内经常会发生侵犯老年群体权益的事件，部分老人受歧视被遗弃和虐待的现象时有发生。原因是老年人的教育程度普遍偏低，没有稳定的工作和退休金在家庭中没有地位而受到歧视。二是由于受到经济因素的顾虑和封建观念的影响，有些子女侵占老年人的住房和财产，强制干涉老年人的婚姻生活等，侵犯了老年群体的房产权、财产权和婚姻自由权等合法权益。

3. 缺乏专门老龄工作及机构队伍

老龄化形势越来越严峻，因此各地的老龄工作任务也越来越繁重。但是政策的倾斜度不同导致工作的重心和分工不同，社区内和乡村内专职从事老龄工作的人员较少，部门职责划分不清晰，老龄工作问题处理不及时，老龄工作者队伍建设严重滞后等问题。这种现状已经与当前人口老龄化的发展形势和工作需求不相适应，亟待认真研究解决。

4. 养老服务设施与需求不适应，居家养老工程急需大力推进

乡村内普遍缺乏娱乐、休闲、健身设施和场所，目前全省社会养老服务设施严重不足，老年群体的精神和物质需求难以得到有效满足，现实与理想差距很大。同时，该省目前养老模式仍以居家养老为主，因此各市各乡镇应多关注社区内和村内老年人的实际生活状况和需求，着力创造良好的居家养老环境和条件，切实满足老年群体的有效需求。

5. 老龄产业发展滞后，政府支持力度不够

当前，安徽省内老龄产业发展的法律法规和制度体系不完备，老龄产业发展的框架体系尚未构建，缺乏完整的产业链条，同时资金保障和服务体系不够健全，与老龄人群的服务需求相比，老年产业发展相对滞后。我们调查发现城乡地区尤其是农村及城乡结合部老年产业发展现状不容乐观，存在许多自身难以解决的问题，需要省政府有关部门提供资金支持和因地制宜的指导办法。

6. 子女赡养父母的义务履行不到位

在调研过程中部分老年人反映子女的依法养老观念比较淡薄，对赡养义务缺乏正确认识。在物质方面，有些赡养人没有认识到老年人自身的局限性，将老年人视为“包袱”，歧视甚至打骂、侮辱、虐待、遗弃老年人，不能为老年人提供衣食住行等必需物品。有些老人没有生活资金来源，甚至只能倚靠乞讨和拾荒来解决基本生存问题。在精神方面，有些赡养人虽能为父母提供必要的生活资金，却很少能回家看望老人，导致老人缺乏精神和心灵上的慰藉，晚年生活比较孤独，因而还会导致少数老人选择以自杀或其他手段来结束孤单的生活。

（二）宏观层面

1. 立法指导思想落后于现实，并且难以实现

自1978年改革开放以来，我国经济社会发生了巨大的变革，但是省内老年群体权益保障工作的法律依据已难以适应新形势下城乡发展过程中出现的各种新问题，许多条款无法有效执行，法律逐渐与实际脱轨。各种新问题的累积，各种

问题处理的滞后，致使老龄工作面临的形势日益严峻和复杂。

2. 与其他部门法衔接不畅

中国现有保护老年人特殊权益的立法，除《老年人权益保障法》外，多散见于其他部门的法律法规之中，老年人权益保障尚未形成完备的法律法规体系，省内也缺少明确的框架体系作为下级的指导性文件。法与法之间的衔接断裂，也导致部门与部门之间、地方政府与基层政府之间衔接的不畅。

3. 老年人法律保护的强制性条款和指导性条款划分不够明确，行为约束和惩戒力度不够

老年群体权益保障的指导性条款过多，强制性条款和指导性条款划分不够明确，内容不够具体，使得这些法律法规的可操作性不强，司法机关和相关政府部门在处理老年人合法权益的维护问题时难以做到有法可依。有关保护老年人权益的关系问题以及实践执行效力方面，现行的《老年人权益保障法》也没有作出明确规定，使得《老年人权益保障法》的可操作性较低。

4. 公安、法院等职能部门的执法打击力度不够

经调研得知，相关政府部门为了减轻执法负担，尽快解决老年人权益保障问题，一般使用（法规）下线标准，执法标准不明确、执法过程监督不足。法律权威性不足导致公民有法不依；工作人员执法不严导致老龄群体纠纷无法得到及时有效地解决，即使处理了问题也都只能是治标不治本。

5. 省内老年群体缺乏社会及相关政府部门的支持

安徽省目前的养老保障制度和医疗保障制度不够完善，欠老年社会福利项目和相关配套基础设施建设滞后，国家和

社会资金投入不够，缺乏社会组织和其他团体力量的支持。养老设施收费偏高、社区和村委会无法提供完备的养老服务设施、缺乏资金支持现有设施等，无法满足本地老年人的养老需求。同时社区和村委会给无赡养人、无生活来源和无劳动能力的老年人提供的资金或实物也十分有限，很难达到最低限度的生活标准。

三、国内外可资借鉴的经验

（一）国内良好经验

1. 建设社区或村委会“老党员老干部”工作队伍

芜湖市清苑社区将社区或乡村内已退休的老党员老干部以及其他拥有奉献热情与能力的老人聚集在一起，组成社区或村委会老龄工作团队，由社区或村委会负责人牵头，利用老党员老干部的能力与经验，发挥他们自身的热情，分担当地一部分的老龄工作事务，这样不仅充实了自己的老年生活，还能从中找到乐趣，实现居民和村民们老有所为、老有所乐、老有所得。

2. 建设居家养老模式，打造“暖心阁”

居家养老模式一般是指由社区、村委会和社会等为在家里居住的老年人提供生活照料、医疗护理和文化娱乐、精神慰藉等方面服务的一种社会化养老服务形式，也是安徽省目前最主要的一种养老模式。将这种模式依托于社区或村委会，实际上就是在本社区或本村内建立一个支持家庭养老的社会化服务体系，它具有服务主体多元化、服务对象公众化、服务方式多样化和服务队伍专业化等特点。“居家养老”

服务模式相对于过去传统的“家庭养老”模式而言，虽只有一字之差，但却赋予了其全新的含义和解释，它把社会化的“养老服务”引入家庭，是对传统的家庭养老模式的补充与创新。

由于场地与资金的限制，结合社区和乡村的基本情况来说，居家养老是最好的养老模式之一。如果社区或村委会无法提供老年公寓，无法提供一处集中的住宿餐饮，家就是最好的养老场所。老人居家不仅能满足自身生活需求，还能时常获得来自社区、村干部、邻里乡亲和老党员老干部工作队伍的慰问与照顾，这样能够及时有效地满足老年人的合理需求。这也正是老党员、老干部们提出的“暖心阁”构想，即以家庭为中心，以外部的帮助为辅助方法，共同打造一个优秀的“居家养老”服务模式，以共同之力，暖老人之心。

3.建设结伴养老模式

独居或丧偶的老年人，以及住不惯养老院的老年人，他们不仅在生活上缺少照顾，精神上更是缺乏寄托。因此有人结伴而居或结伴而行是一种很好的安享老年生活的方式之一。另外，此处的结伴不仅可以是几位好朋友之间的结伴，也可以是一位老爷爷与一位老奶奶的结伴。几位有共同生活意向的老年人住在一起互相照料，不仅可以解决“老来无伴”的困境，更是一味驱除寂寞的良方。结伴养老不仅可以丰富老年人的精神世界、促进他们的身心健康，也有利于减轻其子女的担忧与负担，而且相较于养老院等机构养老，结伴养老更自由、更随心。

4.丰富老年活动，建设老年教育队伍

在农村地区，政府或社团组织很少开展有关老年人的知识讲座，老年人对健康知识、法律常识、国家政策等都不了解。他们不清楚自己享有哪些权益，以及如何保护自己的合法权益。如果社区或村委会能够提供足够的活动场所，定期组织开展各类节目活动，为老年群体提供锻炼和休闲娱乐的机会，组织老年人参加社区、村内各种类型的活动，如端午节包粽子、春节包饺子、腊八节熬腊八粥、重阳节慰问老人等，不仅可以丰富老年人的精神文化生活，还可以增强老人对自身存在感的认同。除了传统节日外，平时也可进行普法、肺结核或者十九大知识等的宣讲，在社区或村委会内发放宣传单并进行讲解，可以让老人们能接触到的事物更加全面，不至于与时代的发展脱轨。为老年人学习提供场所，强化老年人的基本知识，学习老年群体权益保护的相关法律知识，真正做到活到老、学到老。

5.完善医疗保障服务体系

老年群体一般都持着节俭的传统观念，不舍得为自己的身体健康做检查，小病小伤小痛不愿及时去治疗，长时间的拖延或疾病发现不及时，往往会导致大病的发生。为此，社区或村委会可以安排医生定时定点进行免费慰问诊断，对于行动不方便的老人医生可以主动上门为其检查，如为老人量血压、测体脂等等，或者分季节邀请医生召开健康讲座、发放宣传单，每年进行一次免费体检，让老人们看病吃药都能更加安心舒适。

6.社区或村委会成员进行上门服务，建设老年公益组织

老党员老干部们工作队伍的职责之一就是上门慰问、了解老人需求，并及时反馈给社区或村委会。社区工作人员主动慰问残疾老人并开展送温暖送爱心活动，经常上门为高龄老人、残疾老人理发，帮其买菜，跟其聊天，尽量在物质上与精神上满足老人需求，让老人们共享大家园的温暖。同时，安徽省各级政府应该给老年公益组织名正言顺的身份，可通过财政补助支持它们的工作，赋予它们更多的权利来帮助政府的老龄工作，如组织老年人活动等。

不同地区老年人的物质帮助权有不同的水平。如北京市65周岁以上的老年人可以享受免费乘坐市内地面公交车；90至99周岁的老年人每月享有100元的高龄津贴；百岁及以上老年人每月享有200元的高龄津贴。贵州省凯里市60周岁以上老人每人每月享受老龄补贴100元；70周岁以上老人补贴120元；80周岁以上老人补贴150元；100岁以上老人补贴200元。因此安徽省应根据各地人口数量和发展水平来确定老年群体的物质帮助程度。同时可以借鉴我国台湾地区对有家庭养老义务的纳税人采取减免个人所得税的措施来鼓励家庭养老模式的开展。

强化社团组织力量，培养专业老年护理队伍。安徽老年人权益保护工作大部分还是政府在推动，其他社团组织无法直接有效地参与老龄工作。一些依靠民间力量的社团组织如老年人协会、老科技工作者协会等，它们本身就是基层公益组织，与老年群体接触更多，可以更好地为老年人提供帮助与保护，但由于登记难、没有法律认可的名分等问题，导致

社团组织数量较少、力量薄弱，开展的活动不多，在老年人权益遭到损害时也不能为老年人伸张正义，未能有很好地发挥社团组织的作用。因此，建议增强为老年人提供社会帮助的社团组织力量，为他们的生存发展提供制度和实质上的保障。

为此，安徽省要创立社区服务中心，培养专业的护理人员，在社区内设立健身场所、娱乐场所、老年学习中心、法律服务中心等，使老年人的所需所求在社区内就可以得到解决。同时，应根据每年老龄人口的现有规模和发展态势给予相应的财政配套措施，形成稳定的老龄事业护理经费投入机制，推动老年护理工作专业化、规范化、体系化、科学化发展。不断壮大的老年人口队伍使得城市建设规划中老年人的各项物质、精神文化需求问题日益突出，因此要重视老年人配套设施的建设，如城市的住宅及基础设施建设中，可以合理设计适宜老年群体起居的活动设施、公共场所，保障老年人的精神文化生活，切实提升其生活质量。

（二）国外良好经验

1.加强老龄工作体制机制建设

日本于1973年就成立了专门的老人对策计划小组，20世纪七八十年代，日本政府基于当时的社会现状，制定并颁布了一系列政策法规来促进老年群体的就业和社会参与。因此，安徽省应重视老龄工作，成立老龄事业专门研究小组，根据全省各地不同情况有针对性地制定相关细则，为全省老龄事业发展指明方向，不断推动老龄事业持续健康发展。

2. 积极引导社会力量共同参与老年事业

日本的养老保险和医疗保险由政府牵头，民间大企业积极争取学术界的配合和群众的广泛参与，日本的企业界还资助与老年人、老龄化相关的学术会议。日本政府将每年的9月15日设定为敬老日，在全社会范围内营造出共同关心老年人，关注老年人权益的浓厚氛围。因此，安徽省政府在积极推进老龄工作的建设过程中，还应该积极寻求各方面社会力量的支持，着力营造全社会尊老爱老的氛围，这样不仅能减轻自身负担，还能有效地促进老龄事业的发展。

3. 促进老年人再就业，积极发展老龄化事业

20世纪七八十年代，日本政府为了解决和改善部分老年人的生活状况，让老年人力资源与社会经济发展相结合，颁布实施了促进老年人雇佣与就业的政策法规。安徽省可以借鉴老年人再就业的经验，一方面尊重并提供给部分老年人就业的权利与机会，改善其生活状况，另一方面也可以发挥老年人的优势，切实把老龄化社会的负担转化成资源，这对于我们面临已经到来的老龄化社会具有重要而深远的战略意义。

4. 推进老年人权益保障事业主体多元化

（1）家庭养老制度。家庭养老制度是我国几千年来的传统，其实不光子女对老人有赡养义务，配偶、兄弟姐妹、其他家庭成员之间也应该有互相扶养的义务。因此，安徽省可通过相关的法律法规来规范家庭养老的赡养义务人，通过强化宣传营造家庭养老浓厚氛围。

（2）社区养老制度。社区可以针对老年人大都没有子女陪伴的情况，通过争取政策支持，推动老年食堂、老年休息

室、老年活动中心、老年图书馆等一系列老年设施建设，将社区的老年人聚集在一起，为老年人提供正常的饮食，提供专门的场所供老年人休息，成立专门的活动中心，为老年人提供学习和自我提升的机会。当然，这种模式的实施需要各级政府牵头，社区主导，切实解决老年人的供养、医疗、娱乐休息等问题。另外，还可充分利用社会力量、公益力量和政府的财政支持，办好社会养老机构，如社会养老院、敬老院。通过社会的力量，以非营利的模式保障老年人社会养老模式的运作。

（3）市场养老制度。市场机制具有其自身的优势，如果将其用于养老领域也是一种不错的选择，如以房养老模式，即老年人将自己的住房以抵押的方式抵押给保险公司，然后保险公司等金融机构在综合评估抵押住房人年龄、生命期望值以及预计房主去世时房产的价值等因素后，按月支付给房主一笔固定的现金用于保障老年人的生活所需。老年人在有生之年拥有该房产和居住权，离开人世后，房产就归属于银行和保险公司等金融机构。省政府要加强社会宏观支持体系的管理，比如加强对房地产、房屋中介、银行、按揭公司等相关公司的监管，充分利用市场机制发展第三方养老模式。

5.扩大社会养老保险覆盖面

瑞典养老金的覆盖具有普遍性，凡是达到在瑞典居住或工作的法定年限者都可以参加基本养老金制度。英国所有满足国家基本养老金制度规定的年龄和资格标准的老年人都可以领取养老金。德国养老保障的受益人涵盖普通雇员、矿工、公共部门的雇员、自雇者，农民、农业工人被排除于制度之外的情况很少。因此安徽省的养老保险制度除了要涵盖全民所有制的国有企业、事业单位、国家机关的固定职工，还要将占人口较大比重的农民群体和数量逐渐增多的灵活就业者纳入养老保险的框架之内，切实扩大养老保险的覆盖面。

6.加强养老保险政策配套措施

安徽部分地区养老保险政策措施落实仍然不到位，相关部门执法不严，因此省政府应当建立专业的社会保险监督机构，及时全面地将养老保险制度的运行情况公开，并严格实行问责机制；加强养老保险基金的投资运营管理，提高资金安全性，强化保险费的收缴功能，达到保险基金收支平衡，有效防范保险基金支付风险。

四、进一步推动安徽省老年群体权益保障的措施

1.完善老年群体权益保障的法律制度

推进各项工作都要以法律为基础，做到有法可依、执法必严、违法必究。确保各项工作有序开展，强化实施过程中的法律责任意识，使各单位各机构各组织人员依法按时按质完成任务。打破城乡差别，设立统一的养老保障机制，才能完善老年人的基本权益保障。

2.确立各项监督和制约机制

“绝对的权利导致绝对的腐败”，任何权利的行使都要受到外部和内部的监督。安徽省要制定监督制约机制以及设立专门机构来检查老年群体工作的完成过程和结果，对老年群体工作财务状况及时进行公开。要建立多方监督制约机制，让媒体、群众、互联网、舆论等成为一个联动的监督主体。

3. 开展道德教育活动，营造积极的保障老年人权益的制度环境

积极宣传《老年人权益保障法》，为老年人权益保障营造更好的制度环境。首先，进行普法网络宣传，通过多种有效载体在全社会范围内积极宣传。其次，要进一步强化保障老年人权益责任主体的认知。家庭中长辈要以身作则，通过发挥自身表率作用教育后代要孝敬老人；学校要经常开展育德活动，可通过演讲比赛、组织学生去福利院照顾老人等，让学生亲身体验孝敬老人的乐趣；政府可开展大型的全家总动员活动，通过全家参与提升和增进家庭成员与当事人的关系；电视、广播可经常播放相关公益广告，向市民传达尊老的积极风气。最后要加强对从事老龄工作的部门尤其是保障老年人权益的管理机构中的工作人员的培训。

4. 以多元化的社会保障模式满足老年人多层次保障需求

针对不同类别、层次和对象的老年人建立多元化的社会保障类型，确保各类老年人实现多层次多元化的保障需求。根据目前存在的城乡地域差别、城市和农村的社会保障程度来建立城市老年人长期护理保险制度，以备老年人大病后长期护理需要。对于农村存在的基本社会保障不到位的情况，应加大监管检查力度，确保农村老龄群体人人进社保，人人有医疗。

老龄群体保障需求呈多样化发展趋势，因此对应的保障途径和形式也应多样化。保障需求分为物质保障和精神保障。在物质保障的同时还应该高度重视老年人的精神需求，加强对老年人的精神慰藉工作，发动全社会积极关注老年人

精神生活，努力从精神赡养层面实现对老年人精神抚慰权利的保障。根据老年人的生活状况和生存能力状况，民政部门要对“三无”老人和“五保”救助加以界定，由地方各级人民政府依照有关规定给予供养或者救助。对“失独”且“失能”老人、“半失能”老人以及“失智”老人也要有相应的保障措施。

5.进一步加大养老服务的投入力度

增加老年人权益保障的社会资本投入，并对社会资本多元化投入提供的养老服务产品进行必要的划分和界定。将建立老年人所需配套设施纳入政府的城市发展规划中，针对已建成，但没有服务设施的小区，要为老年人的社区养老提供必要的配套设施。政府在确保财政投入的同时，还要积极引入社会资本进入养老领域，为老年人提供集养老、娱乐、健康、文体、交流、咨询等于一体的养老服务机构。

6.完善老年人权益保障服务体系

加大工作力度，努力实现老年人权益保障服务机构、维权机构和信息机构全覆盖。由于涉老部门之间协调困难重重、信息不对称，老龄工作的信息传送渠道比较狭窄，容易造成各职能部门对老龄问题产生的新情况反应不及时，而新的需求又不断产生，因此要建立新型老龄事务机构，为社会养老服务给予监督和评估，确保养老服务的质量和水平。

在社区或村内设立老年基层组织，并积极发挥这些基层组织的作用，组织老年人中身体健康都允许的老年志愿者专门负责本社区老年人合法权益维护，定期或不定期走访老年人家庭，及时了解老年人家庭状况与生活状况。同时，还要进一步扩大信息覆盖面，开发政府、社区、家庭等多方位信息联动网络，完善老年人信息系统管理，将生活、医疗、护理、服务、维权、文化等多重信息通过网络平台进行发布，打造全社会范围内的老年人权益保障信息系统，形成智能家居养老、智能社会养老、智能机构养老和智能政府养老四位一体的养老信息网络。

五、结语

结合对调研情况进行分析可以得出，老年人的需求可以概括为法律的完善、子女的关怀、老龄产业的发展、老人的教育学习机会、惠老力度的加强、医疗卫生条件的改善等方面。目前，全省老龄工作面临着四种新情况：一是老年人照料需求增加。80岁及以上的高龄老人成为我国人口增长最快的一个群体，目前已有1000多万。他们患有不同程度的疾病，很多已经丧偶，需要他人的照护。二是家庭养老功能明显弱化。“4-2-1”结构的家庭日渐增多，加上人口流动性的增强，“空巢”老人数量不断增加。三是社会养老服务发展滞后。当前社会养老服务体系建设滞后，设施薄弱、人才短缺、产业发展缓慢。四是老年社会保障体系建设亟须完善。目前，老年社会保障还存在着体系不完善，发展不平衡等问题。另外，就整体而言还呈现未富先老的情形。为了推进全省老龄事业持续健康发展，我们要从多方面多角度寻求新的突破。老龄工作是一个漫长和渐进的过程，社会保障水平要与国情及其他各方面相适应，不能好高骛远，应当建立起点低、覆盖广的社会保障制度体系。各国的老龄工作都是从低到高的发展，安徽省应从实际出发，做好长期应战的准备。

敬老爱老是中华民族的传统美德，也是法律规定子女应尽的义务。老年人曾为我们的社会发展做出了历史性的贡献，也是我们人类社会经验的一笔财富。我们每个人将来都要步入老人的行列，善待老年人就是善待我们自己。老年群体的权益保障事业是国家、社会以及公民都普遍关心的大事，事关每一位老年人的生活质量，关系中华传统美德的传承，关系社会稳定和经济发展，是一项十分重要而又突出的社会问题。“一花独放不是春，百花齐放春满园”，让老年人获得公平的法律保障和救济，才能真正实现社会的和谐发展。随着我国“依法治国”战略的逐步推行和“以人为本”思想的深入落实，相信我国对老年群体的特殊法律保护也会逐渐得到全社会的关注与支持，愿每一位老人都能享受到社会文明进步的成果。

智慧出行　打造网约车“芜湖模式”①

——以芜湖市为视角研究安徽省网约车发展现状

摘　要：网约车的出现，既解决了城市交通问题，也满足了乘客的出行需要，但是它带来的社会问题、法律缺失和监管问题也日渐增多。网约车作为“互联网+交通”的新产业代表，政府需要更加关注其动态，努力寻找合适的监管方式、司法救济路径推进网约车规范化发展。此外，还要充分认识到网约车的共享经济属性，引入政企合作的新模式，为网约车的良性发展创造适宜的外部环境。

关键词：网约车；互联网+司法救济；政企合作

高效快捷的互联网经济，在我国当下的经济发展中，有着举足轻重的地位。2018年3月20日，国务院总理李克强在十三届全国人大一次会议闭幕后提出：“互联网+”不仅加出了新动能，而且它是最大的共享经济平台，为大众创业、万众创新提供了广阔的舞台，推动着经济社会生活发生着深刻的变化，让科技精英也好，企业家也好，都有更多展现能力的机会和平台，更让亿万草根能够发挥聪明才智，表现他们

---

①指导教师：吴俊明、万尚庆；
团队成员：陶嘉欣、王文荣、杨建忠、张婧、张夕惠、周星慧、谢椿、曹增文、方正荣葛高兴、琚柠宇、刘庆庆、李诗情、李首荣、赵帆；
执　笔：陶嘉欣、周星慧、刘庆庆、张夕惠、方正荣。

独特的价值。自“互联网+”概念提出以来，已经和各行各业相结合，交通行业也不例外。“互联网+交通”新业态蒸蒸日上，在交通运输领域产生了“化学效应”，催生了一批打车拼车软件。习近平总书记在十九大报告中提出了新时代坚持和发展中国特色社会主义的十四条基本方略，其中很重要的一条是“坚持新发展理念”，即全面贯彻“创新、协调、绿色、开放、共享”的五大发展理念，发展共享经济。网约车行业作为“互联网+”新业态的代表，在共享经济的大背景下迅速发展起来，为广大消费者带来了便利的交通服务，为社会创造了大量的就业机会，节约了大量社会资源，同时也给传统出租车行业带来了巨大的冲击，并产生了一些社会问题。本文以芜湖市为例，对安徽省网约车发展现状进行调研，并针对存在的问题提出相关建议。

一、网约车的概念和特征

1. 网约车的概念

网约车是网络预约出租汽车的简称，是使用互联网技术，立足于大数据平台，接受预约的出租车，是互联网约车业务的产物。网约车又分为“网约专车”和“网约出租车”两种。“网约专车”是指互联网技术平台整合供需信息而提供的非巡游预约出租汽车，是一种市场化的交通服务形式，包括专车、快车和顺风车等出行方式，是传统用车市场的补充。该模式除了提供预约租车服务之外，还创新性地利用信息技术、大数据分析技术和管理优化技术来开发整合一系列综合服务，包括驾驶员服务质量与信用评价、导航、拼车等，甚至还发展到城市交通自动化调度、交通拥堵治理等领域。而“网约出租车”中的出租车，仍然属于传统的巡游出租车，作为公共交通的补充，是一种非市场化的公共交通服务形式——虽然一些巡游出租车被接入网约车平台，可以部分承担网约车的服务功能，但其作为公共交通服务形式的性质没有改变。

2. 网约车的特征

（1）多元性。传统出租车主体只有司机和乘客两方，而网约车主体有网约车平台、司机和乘客三方。网约车平台是运输服务的提供者，为司机和乘客双方提供实时信息，并在移动互联网技术的支撑下完成订单、接单及付款流程。

（2）信息性。网约车利用大数据，对乘客使用网约车过程中产生的实时数据进行收集和建模检测，并做好事中管控。同时利用大数据优化出行路线、提升交通出行效率，更好地满足人民群众出行需求。

（3）安全性。网约车平台构建多样化服务体系，配合管理部门严格把控司机准入制度和车辆准入制度，建立积极有效的司机服务乘客标准，通过管理手段、技术手段有效监督司机服务质量，保障乘客的合法权益。

二、网约车运行中存在的主要问题

作为新兴行业，各大网约车平台在前些年利用自身价格优势、车辆优势、服务优势迅速打开市场，在满足公众自由出行的需求、缓解城市交通运输压力、倡导共享经济等方面发挥了积极的作用。但同时也存在着政府监管不到位、平台准入审查门槛低、司机素质良莠不齐等问题。下面将以芜湖市为例分析网约车运行中存在的问题。

1.政府层面

一是网约车市场的规范化进度慢。由于芜湖市《芜湖网约车细则》的部分条款制约了平台许可落地和车辆、驾驶员办证进度，导致到2017年底全市平台注册的约5.5万辆网约车，只有46辆办理了网约车营运证，180人新考取网约车驾驶员从业资格证。二是网约车市场执法难度大。网约车制度落地不了，网约车办不了营运证，驾驶员办不了从业资格证，这样的网约车就是非法营运。在这种情况下，有令难行、法不责众，推进网约车市场规范化建设难度较大。三是新老业态冲突明显，维稳压力较大。2017年11月开始，市区巡游车驾驶员多次上访反映非法运营网约车挤占市场，连续出现多起巡游车驾驶员与网约车驾驶员聚集对峙肢体冲突等群体性事件，市交通执法部门多措并举，基本平息大规模上访，但治标不治本，维稳压力依然很大。四是监管存在漏洞，服务问题频现。网约车先后多次曝出人车不匹配，司机辱骂、殴打乘客，甚至车内不雅举动等事件，网约车服务及平台监管亟待改进。

2.运营商平台层面

一是网约车平台自身安全性技术对网约车司机缺乏实在性的限制与监控，并对乘客的安全性缺乏实质性的保障。二是以共享经济为理念，充分发挥社会上闲置车辆的效果不理想。一些司机成了网约车专职司机，实质上与传统的巡游车并无差异。三是网约车平台在数据分析处理及安全方面存在问题。一些司机注册多达几十个网约车账号，通过作弊软件更改各种数据，包括里程、计费等。同时，对网约车公司的计算机系统进行干扰，对派发的行车请求进行“拒单”和“挑单”。四是用户的信息泄露和隐私安全问题。平台的安全体系有待优化，各种信息泄露事件频发，是对O2O行业和共享经济时代发展的一大阻力，用户缺乏足够的安全感会引发一系列问题。

3.传统出租车层面

网约车行业给传统出租车行业带来了巨大的冲击。自从网约车问世以后，切走了传统出租车服务业的一大块蛋糕，对整个公共交通行业造成了较大的影响。面对网约车行业的严重侵蚀，大量乘客因为选择网约车而流失，而传统的出租车在收入锐减的情况下，还要继续交份子钱，导致国内的出租车司机集体罢工事件时有发生，这对社会秩序和治安都带来了不可忽视的影响。怎么样才能调和传统出租车业和网约车行业的矛盾，这也是一个棘手的问题。

4.司机和乘客层面

一是监管措施不完善，导致司机驾车行为参差不齐，这也是新规颁布之前网约车市场中最大的隐疾。这不仅威胁到乘客的安全，随着市场的不断发展壮大，势必会增加城市内交通压力。二是网约车多为私家车，其所投保险中商业险和交强险均为非营运类保险，从事载客运营后，车辆性质发生改变，一旦发生意外，司机与乘客无法获得保险理赔，人身财产安全无法得到保障，也会带来沉重的负担。

三、网约车政策沿革和评价

1. 网约车政策沿革

从2015年全国两会开始，代表委员对网约车问题聚焦热点的变化，直观地反映了网约车的发展轨迹。从对网约车“合法化”的追问，到对网约车如何转正的探寻，再到《网络预约出租汽车经营服务管理暂行办法》公布后对管理办法落地情况的讨论，近年来网约车不断增加“戏份”的背后，是社会各界对网约车规范发展的关注。

据不完全统计，截至2017年9月份，已经有133个城市公布了出租汽车改革落地实施细则，还有86个城市已经或正在公开征求意见。网约车合法化一年有余，各地新政还在陆续出台，但打车难、打车贵的现象依然存在。人大代表、政协委员的密切关注将进一步推动网约车市场持续健康发展。

据悉，安徽省交通运输厅于2016年建设了“安徽省出租汽车行业数据交换和服务质量监管平台”，而且随着网约车的不断发展，原有的平台已不能满足需要，安徽省即将启动“安徽省出租汽车行业数据交换和服务质量监管平台”二期建设。二期建设完成后可以实现与交通运输部网约车数据交互平台的数据实时交换，并将网约车运营数据存储到省行业监管平台数据库中。同时，在二期平台上，系统可以自动获取各市巡游车平台中的运价、营运里程、载客里程、实载率、营收等经营数据和车辆位置信息，为大数据分析提供基础，也为用户出行提供便利。

据安徽省交通运输厅提供的资料显示，2017年以来，合肥市在加快实施网约车“三项许可”的同时，坚持“以打促规”方针，持续加大对违规从事网约车经营行为的打击力度。如合肥市约谈滴滴平台公司，要求其严格落实承运人责任，切实强化乘客出行安全管理，加快清理不合规的车辆、驾驶员，不得以私人小客车合乘或“顺风车”名义，向未取得合法资质的车辆、驾驶员提供营业性网约车信息服务，依法依规严格规范网约车经营活动。同时明确，自即日起，对其前期屡罚不改、仍然违规向未取得合法营运证件的车辆、驾驶员派发订单的行为，依据《网络预约出租汽车经营服务管理暂行办法》等规定，加大对违规行为处罚力度，提高其违法违规成本。

2017年7月10日，《芜湖市网络预约出租汽车经营服务管理实施细则（暂行）》正式发布实施，但市交通运输局有关负责人表示，芜湖网约车暂行细则部分条款影响了网约车市场的规范化进度，引发不公平竞争质疑。因此，为了进一步开展自我审查，遵守公平竞争审查制度的相关要求，清理和废除妨碍市场公平竞争的规定和做法，芜湖市交通运输局对该细则进行了重新修订。拟放宽网约车市场门槛，剔除不利于市场公平竞争的相关条款。同时，还推出多项举措来推动巡游车转型升级，优化出租汽车营运环境，促进新老业态融合发展。

无论是市场准入门槛、行业监管方式，还是网约车的风险防范，在确认网约车合法后，网约车行业正经历着前所未有的转型与变革。同时，新旧两种细则的实施效果也在一定程度上为网约车的改革指明了方向。

2. 网约车政策沿革的评价

（1）整体框架不断完备。修订《芜湖市网络预约出租汽车经营服务管理实施细则（暂行）》，修订内容共计16处，主要包括修订平台落地条件，不再要求在本地成立分公司和属地纳税，设立服务机构即可；修订车辆准入条件，将市区注册车辆放宽到皖B号牌，车辆标准高于等于传统巡游车即可；人员条件放宽至全市户籍及居住人员；同时取消平台、车辆、人员许可关联，实行分类许可，营运时三证齐全即可。不难看出，新细则在充分保留旧款的有效性的前提下，从各方面对网约车市场进行规制，充分体现了我国行政法程序性基本原则之一的比例原则。

比例原则的基本含义是行政机关实施行政行为时应兼顾行政目标的实现和适当性手段的选择，保障公共利益和相对人权益的均衡，如为实现行政目标可能对相对人权益造成某种不利影响时，应将这种不利影响限制在尽可能小的范围和限度内，保持二者处于适度的比例。有些国家将此基本原则以法律明定。例如，《荷兰行政法通则》第3章第4条规定："某个（行政）命令对一个或更多的利害关系人产生不利后果，这不利后果须与命令的目的相当。"《葡萄牙行政程序法典》第5条规定："行政当局的决定与私人权利或受法律保护的利益有冲突时，仅可在对拟达至的目标系属适当及适度的情况下，损害这些权利或利益。"

比例原则有广义和狭义之分。广义比例原则主要有三项要求，即包括三项次级原则：

第一，适当性原则。行政机关拟实施行政行为，特别是实施对行政相对人权益不利的行政行为时，只有认定该行为有助于达到相应行政目的或目标时才能实施。如该行为无助于相应行政目的的实现，行政机关则应选择另外的行政行为方案。《立法法》规定：“部门规章规定的事项应当属于执行法律或者国务院的行政法规、决定、命令的事项。没有法律或者国务院的行政法规、决定、命令的依据，部门规章不得设定减损公民、法人和其他组织权利或者增加其义务的规范，不得增加本部门的权力或者减少本部门的法定职责。”而网约车细则作为部门规章，其所设定的权力，必须有法律、行政法规和国务院命令的依据。

第二，必要性原则。行政机关实施行政行为，必须在多种方案、多种手段中选择对行政相对人权益损害最小的方案、手段。该原则亦称“最小损害原则”。

在平台监管方面。一是对于非本市的企业法人，不再要求在本市设立分公司，仅要求设立具有相应服务能力的办事处；二是不再要求平台向芜湖市接入数据信息；三是不再要求网约车平台公司在芜湖市纳税。

在车辆监管方面。一是不再要求车辆为市区注册登记，改为本市牌照即可；二是将车龄要求由3年放宽为5年；三是降低车辆轴距和排量要求，网约车车辆轴距、排量高于或等于市区主流巡游出租汽车即可。

在司机监管方面。一是不再要求网约车司机取得市区居住证，改为取得本市居住证即可；二是取消“网络预约出租汽车驾驶员证”6年有效期的规定；三是取消车辆和人员的许可关联，实行车辆、人员分类许可，营运时三证齐全即可。

传统的出租车行业，消费者对司机和车辆状况无法“先知”，没有办法逃避风险，因此，政府才对传统出租车行业的准入设立较高的门槛，确保乘客安全。在网约车模式中，消费者在乘车前可以提前知道司机和车辆信息，包括以往的消费评价，而且，互联网信息平台会对乘车信息进行实时记录并长期存档，其评价信息对外开放。因此，降低平台、车辆和司机的准入门槛，是行政机关实施的必要性行政行为，对行政相对人权益损害最小。

第三，均衡性原则。行政机关拟实施行政行为，必须进行利益衡量，只有通过利益衡量，确认实施该行为不仅对于实现相应行政目标是适当和必要的，而且可能取得的利益大于可能损害的利益才能实施。

拟实施的《芜湖市网络预约出租汽车经营服务管理实施细则（暂行）》第四条修订后规定“网约车运价实行市场调节价，市人民政府因维护公共利益需要，提请省人民政府依法采取价格干预措施。”从价格层面来说，政府规定价格，是规范企业经营竞争的普遍手段。然而，作为经营企业，一般情况下，都会测算成本和价格，在保证最大利益的情况下，将成本降到最低，根据利益衡量来制定它的服务项目，这也是非常符合市场经济发展规律的做法。当然，市场竞争的压力会迫使它们提高服务质量，增加服务项目。如果政府对企业的服务项目要求太过具体严格就属于过度干预，显然违反了市场经济客观的发展规律。

网约车平台公司应当承担承运人责任，保证运营安全，保障乘客合法权益。网约车运营服务中发生安全事故，网约车平台公司应当依法承担赔付责任。网约车平台比交管部门掌握的信息更多，让平台对司机和乘客都承担一定责任，这种自我监管的方式比政府监管更有效、方便和低成本。当然，法律责任过大，也会不堪重负，无法开展经营，因此，网约车监管制度的设计，是合理监管网约车这个“互联网+”新兴产业的重要内容。

（2）实施效果日益完善。在调研过程中，我们利用问卷调查等方式针对网约车细则的实施效果进行分析，分析结果显示：

城市居民对《芜湖市网络预约出租汽车经营服务管理实施细则（暂行）》的了解逐渐加深，并对其持以肯定的态度。网约车细则对制度设置和司机管理认证等进一步规范化，使得城市居民对其信赖度日益加深。

网约车新政在立法层面上降低准入规则，避免大量网约车司机受非市场因素退出的问题。明确规定私家车符合条件可转化为网约车运营，给予网约车合法身份，将网约车车辆登记为“预约出租客运”。明确规定关于发生交通事故时网约车平台责任问题，切实保障司机和乘客的合法权益。

四、对网约车发展的意见和建议

如今，我们正在经历一场更大范围、更深层次的科技革命和产业变革。大数据、人工智能等前沿技术不断取得突破，新技术、新业态、新产业层出不穷。网约车作为“互联网+”交通的一个典型代表，不仅让消费者体验到便捷的出行服务，同时也解决了诸如交通不便、私家车闲置率高等问题。但作为一种新型的经济模式，网约车发展须经历一个稚嫩到成熟的过程，只有不断自促和外促，才能更好地形成产业链，推动网约车市场规范有序发展。

经过调研，我们认识到网约车发展的优势与局限，并就其发展的必要性和可能性给出建议：

1.政府

政府作为市场经济中的“裁判员”，其“协调者”的身份不可被替代。目前，芜湖市交通运输局将出台《芜湖市网络预约出租汽车经营服务管理细则》对网约车进行管理，随着《细则》的逐步实施，一些问题将能得到有效解决，但也有许多问题会逐步暴露出来，如果不及时对这些问题进行有效规制，网约车将随时成为一把害人的“双刃剑”。

当然，政府对于网约车的管理，不可能做到十全十美，但仍应密切关注，着力完善相关管理制度。除了认真落实暂行办法的要求外，各地政府在确保网约车规范化发展的同时，也要减少对网约车的不当制约以促进网约车稳健发展。

（1）促进良性立法。推进网约车管理的法制化进程，以中央立法为核心，以地方立法为补充，相互配合共同颁布一套既贯彻中央立法精神，又考虑地方特殊情况的法律规制条例，制定适应“互联网+”时代下的网约车监管法律法规体系，以健全完善的政策法规体系促进网约车市场健康发展。

《芜湖市网络预约出租汽车经营服务管理实施细则（暂行）》（以下简称《细则》）一经公布就引来广泛关注。《细则》明确了该市网约车发展定位，规定网约车平台、车辆、驾驶员准入条件、网约车平台经营行为和监督管理等方面内容。网约车提供的是公共客运服务，涉及社会和人身安全，不仅要加强事中事后监管，通过查处机制惩处违法行为，更要通过前置审核准入机制防范并最大程度减少危害公众安全事件的发生。而《细则》对网约车平台和驾驶员的要求，实际上是对双方权益的保障。通过规范网约车经营服务行为，明确平台公司承运人责任，要求平台公司与驾驶员签订劳动合同或协议，保障了网约车从业人员的合法权益。

因此，要在《网络预约出租汽车经营服务管理暂行办法》的基础上，围绕暂行办法实践过程中发现的问题，并结合社会各界的意见建议，特别是要广泛听取网约车软件服务平台和广大群众的意见，以从有利于网约车发展、确保人民群众利益的角度出发，加快制定针对网约车行业管理的法律法规，对网约车行业的相关利益主体进行约束和规范，以推动网约车模式健康发展。

（2）规范行政监管。一是建立适应新发展的“政+企”的新规制模式。“政+企”监管模式是指“政府管平台，平台管车辆”，政府制定有关监管操作、效果评估的规则，网约车平台公司则具体践行相应的监管规则并承担法定职责。对网约车监管而言，实行“政+企”式的混合监管模式，既能使政府角色回归到间接管制的正确定位，也有利于培育和提升社会组织自我管理的能力。网约车应该有什么样的服务标准，安全如何保障，乘客与专车司机或者平台发生了矛盾如何投诉，向谁投诉，这些政府应该管。

成都市是网约车政策宽松，实行“政+企”监管模式的典型代表。成都市政府以审慎、包容的态度主动迎接网约车经济，与其城市开放、包容气质一脉相承。成都在全国创造性地探索出了“互联网+巡游车”转型升级的路径，成都市交委、成都市交管局还与网约车平台滴滴出行签署战略合作协议，在成都发展智慧交通，帮助缓解蓉城道路拥堵问题。相关数据显示，成都已经连续三年跌出“全国十大拥挤城市”之列，政府城市管理思路创新带来的成效颇为可观。

二是对网约车市场准入实施一般许可。相对于特别许可而言，一般许可管制程度更低，更加适宜新经济业态的发展。政府无须对网约车的数量、运营价格等进行管制，因为网约车的运营数量和运行价格，本身就受市场的影响很大，如果政府的规制为网约车设置了过高的门槛，必然导致网约车的奇货可居的局面，网约车经营权资源得不到合理分配，这不符合共享资源、节约车辆和社会资源的要求。网约车的数量和价格规制须交由市场进行调节。根据网约车细则试行以来的市场情况和社会反馈意见，泉州等城市及时调整“纠偏”，酌情降低网约车准入门槛。因此，相对于传统出租车行业的特别许可，建议对网约车适当实行“一般许可”。

三是引导网约车行业加强行业自律。通过行业协会参与行业管理，是我国政府管理中的一条十分重要的经验，在行业监管方面都取得了非常好的实践效果。对网约车的监管，政府可以引入行业协会的监管机制。政府要积极推动并引导网约车行业成立行业协会，由网约车行业协会牵头制定网约车服务行为规范和行业准则，逐步建立起技术追踪、司机征信、服务培训、安全检测、统一GPS系统等方面的规范性标准，健全网约车行业服务质量管控自律体系，通过行业自律来加强网约车的监管，把行业能管理的事项交给行业，让政府能抽出精力干应该干的事情。政府引导市场自主调节，边摸索边实践，共同规范行业机制，引导行业自律发展。

（3）强化信息管理。强化车辆和驾驶员身份识别，对提高网络预约出租车服务的安全性有重要的意义。为加强网络预约出租车的信息化管理，可通过以下两个手段：

一是政府建立并完善“出租汽车信息服务平台”。2015年6月1日，“上海出租汽车信息服务平台”正式上线运营。滴滴打车将注册驾驶员和车辆信息实时向平台传送，平台及时反馈驾驶员和车辆身份比对结果，并以此及时剔除黑车和克隆车。信息平台投入使用之后，通过信息平台的后台数据，软件公司可以轻易地对车辆和驾驶员身份进行认证。平台将管理部门所掌握的行业从业人员和车辆信息、出租汽车企业实时动态营运信息、滴滴打车的服务信息整合在一起，实现了资源共享与信息互通。

二是应加强手机打车软件的下载及注册安全准入管理。目前市场上活跃的打车软件有很多，如滴滴网络约租车、神州网络约租车、易到用车等，均不具有统一的准入标准及规范，人们可以免费下载、安装及注册使用，存在着注册者的身份审核标准低、规范性差等问题。因此，政府应完善打车软件的下载及注册安全准入管理制度，建立严格的安全准入身份核实机制。对司机的注册加强审核，对驾驶员的身份证、出租车运营证号、驾照、行驶证等资格证明进行严格把关。另外，应加强个人网络信息的安全性管理，建立安全漏洞风险预警系统，及时修补打车软件存在的安全漏洞，保护用户个人信息。

（4）司法救济。一是个案救济。个案救济即提起诉讼，通过个案提出对网约车管理细则进行附属审查。当政府对某个网约车司机做出行政处罚、行政强制等行政行为时，网约车司机有权申请行政复议，提起行政诉讼，在行政诉讼中可以附属性地要求审查地方网约车细则的合法性问题。《行政诉讼法》规定："公民、法人或者其他组织认为行政行为所依据的国务院部门和地方人民政府及其部门制定的规范性文件不合法，在对行政行为提起诉讼时，可以一并请求对该规范性文件进行审查"。二是立法的合法性审查。根据我国《宪法》第四十一条和《立法法》第九十七、九十九条等规定，公民、国家机关、社会团体、企业事业组织可以提出立法的合法性审查。

党的十八届三中全会后，过去49个较大的市享有的地方立法权扩大至全部282个设区的市。在没有建立司法审查制度的情况下，没有适当的程序来审查地方立法是否与上位法、宪法相抵触，地方立法混乱、泛滥的问题将日益突出。而地方性法规、规章一旦制定，废除和修改就极为困难，如1998年《珠海市道路交通管理条例》对发动机排量在1.0公升以下的微型载客汽车"不予注册登记，禁止在道路上行驶"（所谓"禁小"）。但随着节能环保潮流逐渐兴起，小排量汽车成了汽车工业的发展方向，国家政策早已要求不得出台专门限制小排量汽车的规定，早期"禁小"的一些城市纷纷解禁，只有珠海始终不改。如此不合理的规定，不仅妨碍了相关法律体系的实施，更给当地车辆管理工作带来极大的难度。可见，只有加强司法审查，才能避免地方在今后的发展过程中面临同样的尴尬。

2.运营商

网约车运营商通过互联网平台，创造了增量市场，整合社会闲置资源，弥合了供需缺口，解决市民出行难问题，成了供给侧结构性改革和新旧动能转化的积极践行者。作为网约车市场中一个独立的主体，运营商与司机之间并无劳务关系，更易于为网约车市场创造“多赢模式”。

（1）要放慢市场扩张节奏，主动将消费者安全放在首位。南京下发《关于加强出租汽车市场规范管理的意见》，对出租车市场的运力上限做出规定。据介绍，美团打车在南京就已经采取了一系列措施，为提升合规车辆在美团平台的办证效率，美团打车改进了验车和发证流程。此外，美团打车启动“飓风行动”，加强对不合规车辆的清查，形成“线下验车、人脸识别、临时抽检”三大审核机制。而且，美团打车还在运营和调度策略上对合规车辆倾斜。此外，南京政府通过有效的测算，制定限量政策，在保证居民出行需求的基础上，最大化避免网约车市场陷入竞争泥沼等一系列做法也值得借鉴与学习。

（2）平台要能降低司机和乘客对接的成本，提高运营效率；同时，要开拓客源，丰富产品线，比如提供区域旅游包车等业务，有效增加司机的收入。当加入的车辆足够多的时候，平台还能在车辆维修、保养和保险等方面为车主与服务提供方议价，从而获得更优惠的服务。

3. 司机

（1）规范司机素质。随着多起网约车侵害事件的发生，司机素质的规范越来越成为亟待解决的重点问题，规范司机素质刻不容缓。首先，提高司机准入门槛，定期考核司机业务水平，严格要求驾驶员的素质和培训体系，使考试形式更人性化，考核内容更灵活化。其次，规范司机与网约车平台的合同签订，一方面在保障司机的合法权益的同时提高司机的法律意识和职业责任，另一方面通过加强平台的责任意识促进平台对司机的规范审核，使行业发展获得良性循环。

（2）保障司机权益。司机权益必须在内容和程序两方面规范化并严格化，一方面避免乘客无中生有侵害司机权益，另一方面也避免司机以之为挡箭牌肆意妄为。

第一，关于空驶补偿，乘客取消订单的补偿费用，平台应该一分不少的归还给司机，不得私扣。当年优步就是这样操作的（自动检测到达目的地，司机等候两分钟，若乘客不上车或未到达上车地点或定位错误，司机可直接取消订单，而且得到相应费用，纵使乘客不付，平台依旧垫付）。第二，司机即将到达乘客上车地点，乘客取消需要补偿司机；繁华的大都市，堵车严重、掉头困难、停车点少、违章太多，当网约车司机即将前往乘客的定位点的时候被取消，只能哑巴吃黄连，打碎牙往肚子里咽。第三，超过1.5公里以上的派单应由司机自主选择是否接单，并应开放打表来接模式；当下派单距离一般是三公里左右，当送乘客的距离没有接乘客的距离远的时候，网约车司机也只能笑脸相迎、笑脸相送。第四，乘客投诉网约车司机要有知情权，也是为了更好地提高服务水平；专职的网约车司机早上起床的第一件事不是刷牙、洗脸、上厕所，而是看看自己的服务分涨了没有。

4. 消费者

针对近来发生的多起网约车侵害消费者安全的恶性事件，社会越来越意识到网约车市场管理方面的缺失和不当。众所周知，安全权是消费者的首项权利，保障消费者安全是经营者的法定义务。网约车平台经营者要切实履行法定职责，依法承担保护消费者权益第一责任人的责任。

一是强化入网审核。要采取有效措施，加强对车辆、司机的审核把关。应当对司机的驾驶经历、交通责任事故、暴力犯罪记录等情况采取标准一致的审核要求，进行严格核查，严把人员准入关。

二是强化安全管理。要切实加强对司机的法律培训和安全教育，杜绝“马甲车”。

三是强化合同警示。要依法确定平台、司机、消费者之间的权利和义务，以显著方式提示与消费者有重大利害关系的内容，特别是安全注意事项、风险警示、售后服务和民事责任等。

四是强化信息保护。要依法收集、使用消费者个人信息，严格控制收集范围，严格履行保密义务，严格防范信息泄露，不得通过评价、分享等方式泄露、出售或者非法向他人提供消费者个人信息。

五是强化投诉处理。要高度重视消费者投诉，严格筛查司机被诉情况，及时消除安全隐患。对有骚扰、暴力行为的司机要纳入黑名单，采取零容忍，防止后续服务危害公众安全；对多次被诉的司机，要区分情况区别对待，通过加强信用惩戒，限制接单数量，实施有效管理。结合正在制定的《中华人民共和国电子商务法》，中国消费者协会呼吁立法机关要进一步明确、细化电子商务平台经营者的相关规定，强化对消费者的保护，防止电子商务平台经营者逃避自身应尽的义务和责任，损害消费者合法权益。

五、结语

在“互联网+交通”的新业态背景下，网约车行业的兴起与发展为社会各方面带来莫大良契，为我国建设富强民主文明和谐美丽的社会主义强国带来新鲜活力。然而网约车日益发展的背后也存在着亟待解决和改善的问题。在网约车体制改革中，只有通过市场和政府这两只手紧密配合、互相协调、扬长避短，达到效率与公平的完美结合，才能更好地激发网约车市场活力，打造网约车“芜湖模式”。

安徽省公共服务法治化保障方案的思考①

摘　要：本文是以安徽省近年来公共服务发展成果调研为例，探索安徽省在创新公共服务模式过程中出现的问题，并在借鉴国外基本经验基础上，结合安徽省实际，尝试为安徽省公共服务健康发展提出法治化保障方案。

关键词：公共服务；制度化；法治化

公共服务作为专用名词，在21世纪初进入中国人的话语范畴，并且迅速成为社会关注的焦点。站在中国经济社会发展新方位的历史高度来看，体现中国特色、中国风格、中国气质的公共服务理论尚未建立，这与中国经济大国的影响力和国际地位不相称。改革发展的伟大实践，为形成具有我国特色的社会主义公共服务理论提供了丰富的土壤，我们需要从我国的国情出发，认真总结实践经验、不断进行逻辑归纳和理论抽象，形成适合指导我国公共服务改革发展的理论。2012年国务院首次编制基本公共服务体系建设规划，安徽省也出台了基本公共服务体系三年行动计划，对基本公共服务体系建设进行了部署和安排。从总体上看，安徽省基本公共

①指导老师：刘名成；

团队成员：沈力、薛明珠、周恒义、董琪、蔡文惠、刘璇、路洁、姜克鑫、曹耀尹、李航、汪双、谢香玲、崔用君。

服务体系建设在取得可喜成绩的同时，还存在着一些问题，如公共服务供给总量不足，结构不平衡；城乡差别没有实现制度弥合，区域差距缩小步伐缓慢；供给主体单一，供给方式简单；体制和机制均存在一些问题等。“十三五”时期是基本公共服务均等化总体实现的关键时期，我们必须充分正视上述问题并认真研究解决，着力推进基本公共服务体系建设。

一、安徽省公共服务发展现状

本团队根据老师的安排和指导，先后对安徽省芜湖和合肥两市进行了“公共服务发展现状满意度的问卷调查”，本次调查共发放调查问卷500份，收回500份。通过对调查问卷的整理分析，安徽省公共服务发展现状可以直观地呈现出来：

1. 被调查人员户口属性

调查访问对象主要选取的是农村户口居民。其中，农村居民占69.31%，接近总量的三分之二，城镇居民占30.69%，占总量的三分之一。我们认为这样安排能够在一定程度上体现公共服务中存在的问题。

2. 政府提供的公共服务对我们生活的便利程度

调查结果显示，安徽省所提供的公共服务产品为广大居民追求美好生活提供了极大的便利，认为便利的城市居民占82.18%，认为便利的农村居民占17.82%。

3. 对政府提供的公共服务满意程度

调查数据显示，该省居民对于政府提供的公共服务满意度不是很高，表示满意和很满意的调查对象占总调查对象的比例共有38.61%，表示一般的占56.44%，另有4.95%的调查对象表示不满意，这说明政府所提供的的公共服务没有得到居民的充分的肯定。这要求各级政府要认真谋划工作思想，为居民提供一些实实在在的公共服务产品，切实提升居民幸福感。

4.居民对不同公共服务设施的满意度

调查结果显示，居民最满意的公共服务设施是教育设施以及文化活动设施，分别占56.44%、52.48%，其次是体育设施以及社会医疗设施分别为45.54%、45.54%，而对养老设施的满意度最低占20.79%。养老设施满意度低，可能与该省青壮年外出务工较多、人口老龄化以及留守老人较多等因素有关，并且此次调研数据大多来源于农村居民，而农村养老设施相对于城市养老设施仍有较多欠缺之处，这要求安徽省要重点发展农村居民养老服务，让人民老有所依、老有所养。

5.居民认为需要改进的公共服务设施

调查结果显示，调查对象认为需要改进的公共服务设施顺序依次是：公共交通问题，道路与绿化问题，排水设施，停车难问题、环工设施、供水、供电问题，购物与商场问题以及其他问题。近年来，由于经济的发展和时代的变迁，私家车数量急剧增多，导致交通拥挤问题日益严重。同时，停车场的建设未能与私家车数量增长同步，导致私家车乱停乱放、违规占道现象严重，这是急需政府来解决的问题。

6.对政府提供的公共服务及其行为的意见

我们选取了部分有意义的意见，如下所示：

（1）更加人性化和亲民。

（2）政府的公共服务需要与社会结合，简单来说就是政府主导，社会承包。同时公共服务事业需要与时代民生并进，在调查反馈中调整进步。

（3）商家占道，停车难，要求相关部门管好此事。

（4）要把上级指示切实抓实抓细，真正让人民得实惠，而不是对上级政策大打折扣，或变通处理。

（5）听取民意，为民着想，为民服务。

二、安徽省公共服务中存在的问题

根据调查，我们发现安徽省公共服务存在的问题主要表现在以下几方面：

1. 公共服务总量不足，结构不平衡

公共服务总量不足，结构不平衡，具体表现在：一是公共服务，特别是财政投入总量不足；二是没有完善的公共服务财政预算安排和单独核算制度，财政支出未能与经济增长相适应；三是没有将基础设施、环境保护、公共安全、消费安全纳入国家和省基本公共服务体系；四是未能根据群众需求升级和财力支撑情况，适当增加服务项目，没有提高农村地区义务教育生均公用经费标准及困难补助标准，以及基础养老金和基本医保，城乡低保的政府补助。

2. 城乡差别没有实现制度弥合，区域差距依然较大

全省公共服务发展的突出问题主要表现在：农村和城市的公共服务发展以及资源配给不均衡。一是城乡居民收入差距。据2017年安徽省政府工作报告数据显示，城镇、农村常住居民人均可支配收入分别达29156元和11720元，增长8.2%和8.3%。虽然整体都有所增长，两者的差距逐渐缩小，但存

在的差距是十分明显的。二是城乡教育发展不平衡。近年来，安徽省在义务教育的投入总量逐年增加，但由于历史欠账较多，尤其是农村义务教育的投入严重不足导致城乡投入预算的差距拉大。同时，教育资源地域供需矛盾依然存在。三是城乡医疗差距较大。近年来，政府对医疗站点的建设投入逐渐增加，但城乡医疗机构的服务水平以及从业人员的数量可及性差距仍较大，短期内无法持平。且城市医疗资源的利用率远大于乡村。四是城乡消费差距大。目前农村居民的消费水平只相当于20世纪90年代初期城市居民的消费水平，整整落后10年。五是就业差距大。2017安徽省工作报告数据显示，城镇新增就业66.8万人，登记失业率3.2%。农村劳动人口的失业率不明，且大部分选择进城务工。六是政府公共投入差距明显。政府财政用于农业的支出占财政支出的比重较低。

3. 供给主体单一，供给方式简单

在我国不论是城市还是农村，基层治理主体实际上是政府（街道办事处或乡镇政府）的办事机构，执行政府下达的命令和任务。无疑，在公共服务供给上，政府是较为单一并且强大的供给主体，它几乎提供我国居民所需要的一切公共服务或公共产品。虽然近年来随着我国社会主义市场经济的发展和基层治理体制的改革，出现了私营企业、志愿组织、公共组织以及个人等供给主体，弥补了政府服务的不足，但是它们毕竟还处于发展的初级阶段，相互之间职责不够分明，彼此分工还处于无序的状态，并没有能够改变我国政府作为公共服务供给主体的局面。由于我国公共服务供给政府主导和行政化倾向十分严重，以及供需双方之间的信息不对称性，我国公共服务供需结构呈现不平衡的发展状态，公共服务供给结构并不能很好反映我国居民的需求和偏好，具体表现为我国公共服务产品供给不足和供给过剩并存。安徽省同样存在此种情况。

4.供给缺乏制度保障

在我国相关的法律和文件中，以及在安徽省相关法规、规章以及政府文件中，基本没有关于社区社团、民间服务组织、志愿组织等非政府非营利组织公共服务职责的制度和规定。宪法和居民组织法虽然确定了社区居委会和村民委员会“基层群众性自治组织”的地位，但是对社区居委会和村民委员会的自治领域、自治性质并没有明确的限定和解释，尤其对基层居民行使基层自治权力、表达居民意愿的主要途径，居民参与的一系列重要问题，如参与成员、参与条件、参与方式、参与途径、参与内容、参与时间等缺乏明确而具体的规定。这种法制的模糊和缺失造成各公共服务供给主体之间权责不清，越权、缺位、推诿、扯皮及民意不达等现象频繁发生。

5.没有健全的绩效评估和监督问责机制

一是没有健全的衡量政府公共服务工作落实情况的机制，政府在提供公共服务工作时倾向于做“面子工程”，没有将公共服务措施落到实处，以至于公众没有切实享受到政府提供的公共服务。政府在提供公共服务措施时没有真正落实相关的政策法规，使其大打折扣，公众没有切实享受到政策优惠。二是没有相关的问责机制，当出现问题时，会出现各政府部门责任主体之间相互推诿、扯皮的现象。

三、国外公共服务经验

1.公共服务“外包”

政府向社会力量购买公共服务，有利于解决一些领域公共服务产品短缺、质量和效率不高等问题，这也是世界许多国家的通行做法。

（1）美国：政府借助外脑做决策。在美国，政府将公共服务的执行进行外包的做法有着悠久的历史，并早已有了成熟的规范体系。乔治敦大学公共政策学院教授加利·巴斯表示，美国政府与私营企业之间合作的成功案例不少，涉及业务范围广泛，从政府网页设计到图书馆运营管理等，并有向高附加值服务发展的趋势。据巴斯介绍，美国政府在采购公共服务方面有着完整的体系，包括招投标、申诉、内部审计等流程。近年来，美国政府公共服务外包的领域不断扩大，在各个领域为政府工作的私营公司数量越来越多，借助“外脑”的专业技术分析为外包决策提供建议，是美国政府公共服务外包的显著特点之一。

（2）巴西：为企业发展带来新机遇。为了满足日益增长的公共服务需求、提高政府工作效率和透明度，巴西政府近年来在公共服务领域加大了投资和管理力度。“但面对划分细致和复杂的公共服务领域，政府不可能面面俱到，事事亲力亲为也太耗时耗力。鉴于此，从20世纪70年代开始，巴西开始采取公共服务外包的形式，这不仅弥补了政府工作可能出现的不足，也提高了公共服务的质量。

根据巴西《宪法》第三十七条第二十一款规定，政府购买公共服务必须遵照既定的程序，公开进行招标和甄选，招标的对象既可以是上市公司、基金，也可以是由各级政府直接或间接参与管理的合资或独资企业。根据标的物的类型，政府一般采用三种评价方式决定最后的中标公司：一是最优价格标准，常见于人工类服务行业，如街道清洁、市政维护等；二是技术优先标准，在某些较新、技术含量较高的领域应用广泛，例如技术研发、项目规划等；三是技术和价格互有折中。目前，巴西政府在这个领域有充足的资金投入，但面临的主要问题是尚未建立一个完善的机制来管理和推动这种服务外包项目。

（3）法国：完善法律和规章制度。法国政府购买公共服务有3个原则：程序透明、自由准入、平等对待。这在一定程度上能够确保公共资金得到合理使用。购买公共服务在法国经济生活中占据重要地位。法国购买公共服务的形式多样，主要有公共工程合同和公共服务委托合同两种。法国的中央和地方政府是购买公共服务的主体。政府采购计划经议会批准后，由政府职能部门定期发布公告进行招标，公示工程项目的技术标准、时限、目的等。招投标委员会由官员、专家、议员、法律专家和市民代表组成，对供应商的标书评估后提出建议。随后，由政府职能部门确定中标结果并签署合同。

此外，对合同内容也有具体限定，包括合同的期限及限制外资准入，比如外资不能参与供水、水处理和垃圾处理等领域。与此同时，对于不同的合同还有相应的技术规范，例如公共工程招投标时需要进行公共调查，让民众对工程项目表达意见。法律法规对社会公共服务委托经营的实施、监督也有详细规定。

（4）新加坡：提供“一站式”社会服务。新加坡政府部门并不直接提供社会福利服务，而是制定政策，由社会福利团体提供具体服务。政府不是全额出资购买社会服务，一般只负担建设费用的90%、运营费用的50%~80%，其他经费由中标的社会福利机构自行筹集。

新加坡福利政策强调政府、慈善团体以及企业等多方参与。政府在招标过程中，不仅看投标机构的资金实力，更看重投标机构能否提供最好的服务，如该机构是否有相关经验，工作绩效如何，人员配备是否充足，管理委员会成员背景，与社区基层组织的配合情况等。近年来，新加坡政府开始整合原有的服务中心，建立了20个社区服务中心，为所覆盖社区提供“一站式”社会福利服务。过去，社会福利是由政府出资和提供，不仅效率较低，还过多占用财政资金，整个社会也缺乏服务意识和积极性。而现在，政府不会大包大揽社会服务工作，而是充分调动社会力量，由社会福利机构、志愿者组织等来提供社会福利服务。政府提供部分资金支持、规范和指导，给予社会机构税收减免等优惠措施。新加坡政府就像一个杠杆，利用政府有限的财力，把整个社会的力量撬动起来，从而达到发展社会福利的目的。

2.“拿来”经验

（1）借助“外脑”为制定公共服务决策提供依据。根据美国政府外包的案例，“外脑”即对社会具有一定影响力、对政府管理有一定研究的，并长期与政府进行合作的社会组织，比如私营企业。这样的外脑既可比作中国古代的幕僚，也可当做当代西方的智库。他们往往致力于用科学方法研究政府管理。

（2）政社合作提高公共服务质量。面对划分细致和复杂的公共服务领域，政府不可能面面俱到，事事亲力亲为也太耗时耗力。采取公共服务外包企业的形式，不仅可以弥补政府提供的不足，还可提高公共服务的质量。企业可以带来大量的资金以及其所覆盖的广度，这是政府所不易达到的。“实际上，利用市场竞争机制提高公共服务质量、降低成本，这是一个国家政府为民众提供更好的公共服务的成熟、正确的思路。”巴西应用经济研究所经济学家诺盖拉这样认为。同时，由一些社会福利组织与政府合作提供公共服务，既减轻了政府财政负担，提高了工作效率，又充分调动了社会资源。

（3）公共服务发展的法制化保障。无论是政府提供公共服务，还是借助外脑进行决策，抑或是公共服务外包，都需要一个完善的制度法规来进行保障和监督。巴黎政治学院教授吕克·鲁邦介绍，法国依靠社会力量办公共服务的历史悠久，其成熟之处在于完备的法律和规章制度。这些制度设计为政府购买公共服务保驾护航。

四、安徽省公共服务法治化保障方案

1.贯彻落实国务院关于推进公共服务均等化的方针政策

（1）明确国家基本公共服务制度框架。国家基本公共服务制度以基本公共服务清单为核心，以促进城乡、区域、人群基本公共服务均等化为主线，以各领域重点任务、保障措施为依托，以统筹协调、财力保障、人才建设、多元供给、监督评估等五大实施机制为支撑，是政府保障全民基本生存发展需求的制度性安排。

（2）建立基本公共服务清单制。依据现行法律法规和相关政策，确定了公共教育、劳动就业创业、社会保险、医疗卫生、社会服务、住房保障、公共文化体育、残疾人服务等八个领域的81个服务项目，以及每个项目的具体服务对象、服务指导标准、支出责任、牵头负责单位等，要求在规划期内落实到位，并结合经济社会发展状况，按程序进行动态调整，以此作为政府履行职责和公民享有相应权利的依据。

（3）在制度层面，强调四方面保障措施。第一，在促进均等共享方面，要求开展贫困地区脱贫攻坚、重点帮扶特殊困难人群、促进城镇常住人口全覆盖、缩小城乡服务差距、提高区域服务均等化水平、夯实基层服务基础等。第二，在创新服务供给方面，要求加快事业单位分类改革、积极引导社会力量参与、鼓励发展志愿和慈善服务、发展“互联网+”益民服务等。第三，在强化资源保障方面，要求提升财政保障能力、加强人才队伍建设、加强规划布局和用地保障、建立健全服务标准体系、强化社会信用体系支撑等。第四，在推进规划实施和监督评估方面，明确了国务院各有关部门和省以下各级人民政府的职责，要求加强绩效评价和监督问责。

2. 贯彻落实司法部关于推进公共法律服务平台建设

（1）各级司法行政机关要着眼于维护人民群众合法权益，紧紧围绕经济社会发展和人民群众的实际需要，立足

“法律事务咨询、矛盾纠纷化解、困难群众维权、法律服务指引和提供”的平台建设功能定位，打造公共法律服务实体、热线和网络三大平台，到2018年底在全国范围内基本实现村（居）法律顾问全覆盖，到2020年总体形成覆盖城乡、功能完备、便捷高效的公共法律服务网络体系，实现公共法律服务的标准化、精准化、便捷化，努力为人民群众提供普惠性、公益性、可选择的公共法律服务。

（2）在实体平台建设中，明确以县（市、区）、乡镇（街道）为重点，分别建立公共法律服务中心和公共法律服务工作站。对地（市）一级实体平台建设不做统一要求，在村（居）一级，推进一村（居）一法律顾问工作。在热线平台建设中，明确了热线平台的对外服务功能和后台管理功能。在网络平台建设中，规定网络平台由部、省两级平台组成，提出要形成以部级公共法律服务网为中枢、以各省（区、市）公共法律服务网为支撑的公共法律服务网站集群，通过多种终端提供法律服务。

（3）推进平台规范化、标准化建设。要完善服务规范，对公共法律服务中具有重复性和共同执行的服务和管理内容，统一业务规范，明确办理流程，完善窗口工作机制，根据群众需求完善便民利民举措，打造全流程服务。要健全管理运行机制，整合司法行政系统内部资源和现有平台，加强公共法律服务平台间的衔接配合，健全平台内部管理制度和外部部门协作机制，促进平台高效运转。要强化平台工作力量建设，通过抽调选派司法行政机关在编人员、政府购买服务、发展志愿服务等充实工作力量，并通过组建省市级法律专家库、加大教育培训力度等方式，提高法律服务人员法律素养和业务能力。要加强评估考核，通过建立平台建设综合评价机制、服务质量评价制度、加强绩效考评，促进平台建设全面推进，切实提高公共法律服务质量。

3.贯彻中央改革的任务和目标

坚持以人民为中心，从解决人民最关心最直接最现实的利益问题入手，根据中央统一部署，首先将教育、医疗卫生、社会保障等领域中与人直接相关的基本公共服务事项明确为中央、省级与市以下共同财政事权，并合理划分支出责任，完善相关转移支付制度，确保更好地为人民群众提供基本公共服务。

（1）明确部门管理职责。省级财政在落实省级承担的支出责任、做好资金保障的同时，要切实加强对市县财政履行支出责任的指导和监督。省有关部门要按照要求积极推动相关基本公共服务领域管理体制改革，调整完善制度政策，指导和督促市县落实相关服务标准。市县财政要确保承担的支出责任落实到位。市县有关部门要认真执行相关政策，履行好提供基本公共服务的职责。

（2）加强基本公共服务项目预算管理。省级财政结合中央转移支付情况，根据国家基础标准、分担比例等因素，优先足额安排共同财政事权分类分档转移支付。各级财政部门要加强预算项目储备机制建设，强化预算公开评审，完整、规范、合理编制基本公共服务项目预算，保证资金及时下达和拨付，并完善基本公共服务项目预算管理流程，加大预算公开力度。

（3）加强基本公共服务大数据运用。按照党中央、国务院统一部署，财政及相关部门要建立规范的数据采集制度，统一数据标准，落实基本公共服务大数据平台建设要求，收集汇总各项基本公共服务相关数据，实现信息共享，为测算分配转移支付资金、落实各方责任、实现基本公共服务便利可及提供技术支撑。

（4）强化监督检查和绩效管理。各地、各有关部门要加强对基本公共服务事项基础标准落实、基础数据真实性、资金管理使用规范性、服务便利可及性等方面的监督检查，保证支出责任落实。按照“谁使用、谁负责”的原则，对基本公共服务项目全面实施绩效管理，不断提高资金使用效益和基本公共服务质量。

（5）争取把法律服务平台建设纳入党委政府基本公共服务体系建设规划，纳入民生工程、平安建设和法治建设的重要内容，纳入政府绩效考核指标，为法律服务平台建设提供有力政策保障。

安徽省非物质文化遗产保护的法治思考①

摘　要：非物质文化遗产这种无形的财富，作为人类智力活动的成果，是研究一个民族历史文化的重要参考资料和依据，因而非物质文化遗产的保护受到社会的普遍关注。本文对安徽省非物质文化遗产保护发展状况进行了总结，并针对取得的成绩和存在的问题，从完善机制、传承方式、宣传模式、法律保护等方面提出相应的对策。

关键词：非物质文化遗产；法律保护；发展

一、安徽省非物质文化遗产保护现状

安徽是中国史前文明的重要发祥地，拥有淮河文化、庐州文化、皖江文化、徽文化四大文化圈，悠久的历史和灿烂的古代文明为中华民族留下了极其丰富的文化遗产。2018年，文化遗产保护传承已成为治国理政的重要资源和重要工作，安徽省以重大工程和项目推进的非物质文化遗产保护工作及其成果利用，渗透于文化发展改革的众多领域。

1. 建立四级非物质文化遗产名录体系

目前，国务院批准公布了四批共1372项国家级非物质文

---

①指导教师：胡旗保；

团队成员：李夏、尹娜娜、王琪、丁亚萍、冯子璇、黄世凯、方宝华、何彬彬、陈超王俊鑫。

化遗产代表性项目，各省（区、市）批准公布了11042项省级非物质文化遗产代表性项目，国家、省、市、县四级非物质文化遗产名录体系已经形成。与此对应，文化部命名了四批共1986名国家级非物质文化遗产项目代表性传承人，各省（区、市）批准公布了12294名省级项目代表性传承人。安徽省世界级项目共3项，国家级遗产88项，省级遗产530项。据调查，近年来，芜湖市非物质文化遗产工作取得了显著成就，“芜湖铁画锻制技艺”入选我国首批国家级非遗名录；“梨簧戏”“十兽灯”“目连戏”“繁昌民歌”入选安徽省首批省级非遗名录；“中分村徐姓祭祖习俗”入选安徽省第二批省级非遗名录；“大王冲佛香制作技艺”“耿福兴传统小吃制作技艺”“八社神灯”“九连麒麟灯会”“广济寺庙会”“群龙朝神山”“送春”7个项目入选安徽省第三批省级非遗名录。据不完全统计，芜湖市下辖的繁昌县、南陵县、芜湖县、无为县四个县，县级非遗数量高达500余项，其中不乏具有较大市场开发潜能的项目，如繁昌县的新港茶干制作工艺、南陵县的面塑工艺等。

2. 省政府财政稳定支持非物质文化遗产保护机制

统计数据显示，截至2016年4月，安徽省共认定民间文学、传统音乐、传统舞蹈、传统戏剧、曲艺、传统体育游艺与杂技、传统美术、传统技艺、传统医药、民俗10大类非遗传承人共651人，其中国家级75人，省级576人，每年对优秀的传承人给予一定传习补助。2016年中央给各省级财政共安排非物质文化遗产专项资金4亿元。

3. 非物质文化遗产学术研究成果不断涌现，并逐步开展

人才培养工作

在2015年，芜湖职业技术学校招收铁画专业学生，为铁画制作培养“科班”人才。2015年6月12日，安徽省文化厅与安徽师范大学签订文化战略合作协议，双方共同开展非遗保护工作，开展非遗调查研究、非遗保护传承理论研究工作；同年底，中国陶行知研究会非遗教育研究中心年会在安徽召开，着力构建非遗教育体系，打造通向艺术、回归生活的桥梁。2016年3月中国科技大学调研岳西手工造纸业，撰写中国手工造纸文库。“十三五”期间，全省非物质文化遗产基础理论研究、应用理论及专题研究等相关课题申报和在研项目数量激增。2018年9月19日，安徽省非遗保护中心编辑的《非遗视界》由安徽科技出版社正式出版，集中展示了全省各地非遗工作者及热心非遗事业的人们对非遗工作的思考和展望，对全省非遗项目的梳理整饬，分享了实际工作中的宝贵经验，内容丰富，贴近生活，是全省非遗阵容和理论水平的一次集中展示，是全省非遗大家庭的一次深入的交流。

4. 开展非遗相关活动

近年来，安徽省充分利用大型文化活动、国内外文化交流、传统节日、市民广场等平台，通过专题展示、实物展览、活态展演等多种形式，在40多个国际间、国家级、省级大型活动上，重点推出宣纸制作技艺等100多项国家级、省级非遗项目，扩大了安徽省文化遗产的社会影响力，如安徽省非遗摄影展、皖北四市戏曲票友展、安徽非遗文房四宝展、芜湖铁画艺术进校园、安徽非遗系列活动等。6月9日，是我国文化和自然遗产日，安徽省多地举办丰富多彩的活动迎接这个全民的节日。6月，安徽国家级非遗项目凤阳花鼓、萧县渔鼓道情精彩亮相全国非遗曲艺周。9月，阜阳市国家级非遗项目界首彩陶、省级非遗项目阜阳刺绣亮相第五届中国非遗博览会，等等。一系列非遗活动都集中展示了安徽省非物质文化遗产精品和运用非物质文化遗产元素的各种衍生品，让观众们更真切地体验到安徽省非物质文化遗产的魅力，也让广大传承人看到了非物质文化遗产传承的空间和潜力。

5.建立健全非物质文化遗产保护法律体系和工作机构

安徽省向来注重文化遗产保护立法建设。早在1997年就颁布了《安徽省皖南古民居保护条例》，这是我国第一个关于古民居保护管理的单项文物法规，在全国产生广泛影响。在广泛征求相关专家与传承人意见的基础上，结合本省实际，制定了《安徽省非物质文化遗产条例》，为安徽省非物质文化遗产规范化、科学化保护提供法规制度保障，对非物质文化遗产项目安排了专项经费，确保保护工作的正常进行。目前，安徽省还建立非物质文化遗产处和保护中心。

另外，在我国商标法和著作权法中也对非遗保护作出相应规定。非物质文化遗产年代都比较久远，所以申请注册商标具有天然的优势。传统上比较常用的是集体商标和证明商标。这两种商标很好地解决了非物质文化遗产中存在的主体不适格问题，因为非物质文化遗产几乎都不是个人拥有的，而集体商标和证明商标都是以群体的名义提出的，所以集体商标和证明商标为大家共享非物质文化遗产的利益提供了法律保障。例如，安徽省泾县宣纸厂创建了中国宣纸研究所，如今泾县宣纸书画纸生产加工企业已有380多家，年获利4亿多元人民币，如“汪六吉”“曹氏”牌宣纸等商标都被评为安徽省著名商标，品牌商誉更高的“红星牌”和“千年古宣”宣纸商标则被认定为中国驰名商标，商标是对传统手工技艺最直接的保护。《中华人民共和国著作权法》第六条明确授权国务院可以制定保护民间文学艺术作品的专门条例，这样就可以通过单行立法条例来扩大著作权保护的范围以保护非物质文化遗产。

二、安徽省非遗保护面临的困难及原因

1.认识不足，保护不够

目前，社会上对非物质文化遗产还存在认识不足的问题，齐抓共管的合力还没有形成，非物质文化遗产传承发展的全民保护意识还有待加强。一是群众对非物质文化遗产知识了解甚少，对非物质文化遗产涵盖的内容也无从谈起。二是非物质文化遗产工作的宣传氛围还欠浓，特别是在一些大型的演艺、节庆活动和各类比赛中，较少见到非物质文化遗产类项目的表演和展示。三是在非物质文化遗产申报与保护的关系上，多数人认为非物质文化遗产保护工作是文化部门一家的事情，而非物质文化遗产项目涉及面广，文化部门因受职权所限，只能在戏剧、曲艺等方面倾力而为，大多非物质文化遗产项目传承方面的根本问题得不到解决，停留于一般程序性的保护。四是有的传承人或传承基地进行项目申报只是为了获得更大的行业或企业利润，一定程度上存在重申报、重牌子，轻保护、轻实质的现象。

2. 保护经费不足

《中华人民共和国非物质文化遗产法》明确规定，县级以上人民政府应将非物质文化遗产保护经费列入当地财政预算。非遗保护是系统工程，牵扯面广，耗资巨大，目前县级还没有将非物质文化遗产保护经费列入财政预算，也没有对传承人进行经济扶助，致使非物质文化遗产的普查、发掘、整理、评审、保护、利用等工作很难顺利实施，资源调查，修缮破坏、资源保护、传承人的资助、监督处罚破坏行为、后继人才的培养等需要大量资金，政府“亚力山大”，财政资金只是杯水车薪，一些重大项目传承因缺少资金扶持而面临断层，许多民间老艺人生活窘迫，无法带徒授艺。非物质文化遗产的展示展演因缺少必要的经费而不能经常性开展等。据调查，芜湖市的文物保护虽然设立了专门的文物保护资金，但在非遗的保护经费方面，市政府每年只有几万元的财政预算，且限用于非遗培训、调查及项目申报方面，县一级则几无经费。2008年，安徽省政府组织开展了省级非遗项目代表性传承人评选，仅省级传承人获得一次性生活补贴1000元。目前国家级非遗项目代表性传承人的具体补贴政策尚未出台，经费短缺，对非遗的保护难以有效进行。经费不足严重制约了非物质文化遗产的传承和保护。

3. 人才匮乏，理论研究不足，机构不健全

非遗项目多处于农村，贴近老百姓生活，又具有一定的地域性，如花鼓灯、泗州戏、庐剧、五禽戏、潜山弹腔等，带不来可观的收入，无法吸引年轻人继承。另外，学校开设非遗相关专业不足、师资有限，导致很多非遗项目后继无

人。目前，安徽省关于非遗的理论研究还不够系统和深入，研究领域还不够宽广，关于非遗资源有影响力的研究还比较匮乏，没有理论支撑来开展对生产力的影响，对文化的影响，对社会的影响等科学评估，甚至出现“不用保护，应由市场决定自然淘汰”等声音。另外，非物质文化遗产保护机构不够健全，人员少，多头兼顾，难以潜心从事非物质文化遗产保护工作。根据非物质文化遗产属地管理保护原则，在全县范围内的非物质文化遗产传承个人及保护单位的申报、日常管理工作，都由县文化馆负责，相对于这些量大面宽、专业性强的普查保护工作而言，力量显得十分单薄，难以适应非物质文化遗产保护工作综合性、专业性、长期性的要求。另外，镇街文化站工作人员属当地政府主管，文化站工作人员长年从事当地政府的其他中心工作，而业务工作开展得较少，很难专心从事非物质文化遗产保护工作。

4.濒危项目流失现象严重，传承乏力，前景堪忧

传承人的问题，是非物质文化遗产保护项目传承发展的关键问题。在当今全球化、网络化、市场化等因素的影响下，除了芜湖铁画、砀山唢呐等少数项目因知名度高。影响力广被保存较好以外，许多非遗项目均遭到不同程度的破坏，具体表现在许多口传心授的非遗项目濒危流失。一是有经济效益的项目传承人多，大部分年富力强。二是经济效益不突出的项目即使有传承人，传承人也屈指可数且年龄老化，缺乏新一代传承接班人，传承难度不断加大，项目保护处于“有人教无人学，有心学无人教”的两难境地。三是部分不以营利为目的的项目，在中老年人中还有一定影响，而

年轻一代普遍不感兴趣，在市场经济条件下难以生存，缺乏经常性、长期性的展示平台，受众群体出现断层，生存空间逐渐萎缩。四是民间手工技艺，大多为家庭作坊式运作经营，由民间自发传承，学艺难、收入低、未来成效难以预测，已很难对年轻人产生吸引力，后继乏人，生意惨淡，整个业界面临消亡。

5.法律法规滞后

知识产权的私法保护模式和行政法规的公法保护模式存在诸多不足。在私法领域，知识产权保护模式采用单一的经济价值标准衡量非物质文化遗产，保护范围过于狭窄，忽视非物质文化遗产的文化价值、历史价值等，这种单一的评判标准不尽合理。有些非物质文化遗产承载着民族精神，关系到国家文化安全，这些都无法用经济标准来衡量。如果仅采用知识产权私法保护，那些具有巨大潜在经济价值或者具有民族精神价值的非物质文化遗产将会迅速消失。在公法领域，行政法规虽然提供了没收违法所得、罚款、行政处分等救济手段，但其处罚力度远远无法抑制严重的侵害非物质文化遗产的违法行为，威慑力不够。在丰厚的经济利益驱使下以及在较低违法成本的衡量下，很多社会不法分子都会“奋不顾身，奋勇向前”。目前，除《中华人民共和国非物质遗产保护法》《安徽省非物质文化遗产条例》以外，还没有关于非遗保护的监督制度、非遗破坏的惩罚制度等相关法规条例，保护工作无法得到法律法规的保障，对破坏行为进行处罚也没有依据，法规更是没有明确规定各部门的具体职责，没有明确组织协调机关，从而导致各部门遇事推责、职责不清、难以及时有效地保护非物质文化遗产。

三、加强安徽省非遗保护的建议

安徽省坚持以习近平新时代中国特色社会主义思想为指导，扎实推进“五位一体”总体布局、协调推进“四个全面”战略布局，认真抓好“十三五”规划实施，面对新时代人民日益增长的美好生活需要和不平衡不充分的发展之间的矛盾，非物质文化遗产保护工作应从理念、措施、目标等多个维度不断优化和深化，为坚定文化自信，推动社会主义文化繁荣昌盛发挥出更为重要的作用。然而非物质文化遗产的保护是一项专业性很强的工作，涉及面广，内容多，任务重，为此建议如下：

1.加大教育投入，提升青少年非遗保护传承意识

在国外传统文化已经进入了中小学的课堂。日本文部省规定，小学生在学期间必须观看一次日本传统剧；在挪威，国家规定每一个学生在10岁之前至少要学习掌握一项本国的传统文化。我国《非遗法》要求“学校应当按照国务院教育主管部门的规定，开展相关的非物质文化遗产教育”（第34条）。这一条款不仅第一次确立了非遗教育的法律地位，而且把开展非遗教育作为学校的法定责任义务，同时也要求教育主管部门及时做出相应的规定，作为实施本法所需配套的部门规章，供学校开展非遗教育时遵循。当前，要将中国的非物质文化遗产内容引入中小学课堂，一方面，因为青少年处于文化启蒙、人格养成、世界观形成的关键阶段，让学生从小就了解、学习、尊重丰富的非物质文化遗产，增强少儿非

物质文化遗产的保护意识，进而推进非物质文化遗产能够得到持续不断的传承和保护。另一方面，国民教育学校的文化教育资源丰富、完整，拥有进行系统全面的传统文化教育以及与其他学科融合的教育和研究的最佳条件。因此，面向全体学生开展非遗教育是教育系统无可替代、责无旁贷的责任和义务。

2.创新宣传模式，营造非遗保护工作的良好环境

一是利用新闻媒体、网络等公共媒体展演非物质文化遗产作品，普及非物质文化遗产保护知识，加强对非物质文化遗产保护的教育和引导，各电视台可开设非物质文化遗产专题栏目，集中宣传非物质文化遗产知识、展示非物质文化遗产作品、产品，提升各级领导、干部和群众对非物质文化遗产的认识和非物质文化遗产的保护意识。二是通过民间传统节日、节会等开展非遗主题节庆活动，组织开展丰富多彩的民俗风情和传统技艺等非物质文化遗产节目，发挥非物质文化遗产项目在提升城市形象方面的作用，彰显非物质文化遗产的价值，提高领导、干部和群众对非物质文化遗产的认知度，尤其是一些刚入选县级、市级保护的非物质文化遗产，更应走出省市，走出国门，让更多的人了解该非物质文化遗产的亮点及历史来源。如淮南市八公山豆腐文明于天下，但大多人只知道豆腐的美味，却不知豆腐的由来和如何制作豆腐，近年来淮南市开展了豆腐文化节，将豆腐制作现场展现在群众眼前，卤水点豆腐更是成为一道名菜，更有“抖音”等网络视频传播至海内外，豆腐不仅成为淮南市代言食品，更成为淮南市非物质文化遗产中的一个亮点。三是要在中小

学和职业技术学校开办非物质文化遗产兴趣班或在艺术专业中开设专门的非物质文化遗产课程，开展高校非物质文化遗产知识讲座，做好非物质文化遗产普及教育，拓宽学生视野，培养新一代对非物质文化遗产的兴趣，吸引年轻人对非物质文化遗产的关注，引导更多的人走上传习之路。四是建设一批非物质文化遗产展馆，可在县档案馆、村史馆、旅游观光展馆等地举办非物质文化遗产展览、展演，展示优秀历史文化，拓展非物质文化遗产宣传的窗口。

3.完善传承机制，加大非遗保护工作的传承力度

坚持“保护为主、抢救第一、合理利用、传承发展”的原则，挖掘人类智慧，记录历史文化，留住乡愁，传承文明。

一是建立完善的非物质文化遗产档案数据库，为非物质文化遗产传承奠定基础。许多民间艺术属独门绝技，口传心授，往往因人而存，人绝艺亡，因此要全面普查，深挖非物质文化遗产项目，通过科学论证，运用文字、录音、摄影、录像、数字化多媒体等多种方式、不同载体，整理记录下这些原生态、原汁原味的非物质文化遗产资料，给每一个非物质文化遗产项目建好档案，保护非物质文化遗产的真实性和完整性。特别是濒临失传的非物质文化遗产项目和优秀传承人，要优先进行调查、收集、建档，作为扶风地方文化史、艺术史、民俗史研究的重要资料，为传承历史文化奠定基础。

二是培养传承人，壮大非物质文化遗产传承队伍。2018年9月21日，省文化厅举办的“安徽省非遗展暨‘寻访江淮杰出工匠’系列活动启动仪式”在安徽博物院新馆隆重开幕，在全省范围寻访各级非遗传承人，以及各级各类一线技

能型职工，旨在传承非遗文化、弘扬工匠精神，并且在展现非遗项目的同时，还设置了以“舌尖上的安徽非遗”为主题的非遗美食品尝区，进一步加大了安徽非遗宣传力度。保护非遗，从了解非遗开始，并且让非遗由传统家族式向现代社会化转换，对濒危项目和后继无人项目，政府要加大对传承人员的教育培训力度，努力建设一支非物质文化遗产传承人队伍。另外还可以学习借鉴《韩国文化财保护法》中制定的金字塔式的传承人制度，对于优秀的文化传承人，不仅要授予“保有者”的荣誉称号，使其受到全社会的尊重，还要给予演出经费、研究基金、生活补助等多项资助，使其能够安心从事非遗文化传承工作。

三是拓宽非物质文化遗产传承的渠道，发展非物质文化遗产文化产业。进一步挖掘制作、传统工艺、技术的潜力，鼓励和支持民间艺人大胆创新，使传统工艺、技术从自给自足型向市场需求型转变，使非物质文化遗产文化产业成为传承和保护非物质文化遗产的一个重要渠道。另外，还可以借鉴日本以“人、文、地、产、景”为基础，以社区居民为主体，通过多样性、小批量、高附加值的产品开发和生态旅游开发等，来实现非物质文化的传承与地域经济文化发展相结合，致力于传统工艺产业与产业振兴，营造社区文化氛围，让一个村庄、一条街道、一个街区、一个小镇、一座城市都成为一个社区，增强社区居民对社区共同体的认同意识，努力构建适合居住、有独特文化、充满吸引力的生活环境。

四是加大人才培养和理论研究力度。可以在政府主导下联合高校、研究机构共同推进非遗文化的理论研究，切实加强非遗文化价值、带动效应、综合影响等方面的研究，编写非遗相关专业教材。加大非遗专业人才培育力度，把非遗知识技能与大学传授的其他知识结合起来，不断提升非遗人才综合素养，丰富非遗项目表达内容，用新科技新思维包装非遗项目，促进非遗保护可持续发展。如安徽省芜湖市早在2007年就通过开展申报、审核和推荐工作，经逐项评选、专家评议等程序建立的传承机制，现全省各市可借鉴芜湖市的传承机制，制定传承方案。

五是完善创新体系。可以在政府主导下，搭建多方合作的平台，完善创新体系。创新传承工具，可以把非遗的旧文献、旧手稿、传统剧目、历史故事改编成电影电视艺术，制作成纪录片等视频；创新表现环境，把非遗表演项目和成果请进文化馆、文化广场；创新内容，设计衍生手工艺品；创新推广模式，利用“互联网+”把非遗相关产品推广到全国乃至全世界网民的面前，探索非遗发展新模式。另外，省博物馆和名胜古迹馆还可以在每年的非物质文化遗产日对外免费开放，私立博物馆也可半价售票，为民众提供了一次学习与交流的机会，切实增强民众对历史文化遗产的保护意识。

4.完善保护机制，促进非遗保护工作的健康发展

法国的西西里木偶戏曾红极一时，但在20世纪中期，随着现代人娱乐方式的增多及电影电视新媒体的出现，西西里木偶戏逐渐走向衰落。直到2001年西西里木偶戏被联合国收入人类非物质文化遗产名录，意大利政府为抢救和保护木偶戏，计划为青年木偶艺人开办培训工厂，举办西西里木偶节并设置奖项，举办国内外的表演和展览，创建木偶戏学校

等。如今，西西里木偶戏离濒危的状态得到了改变。由此可见，政府在保护非遗工作中有着极为重要的作用。为此，要坚持“政府主导、社会参与、长远规划、分步实施、职责明确、形成合力”的原则，努力构建以政府为主导、文化部门牵头、社会各界广泛参与的非物质文化遗产保护机制。一是政府要把非物质文化遗产保护工作纳入国民经济和社会发展、城乡建设规划，把非物质文化遗产保护工作经费纳入财政预算，保证非物质文化遗产工作的正常开展。二是政府要增加非物质文化遗产工作机构编制，选拔、培养一批热爱非物质文化遗产工作的人员从事非物质文化遗产工作，构建起一支非物质文化遗产保护工作的专业人才队伍建设。三是政府主导，吸纳有实力的社会组织、企业、个人进行资助保护，发挥公众在保护中的作用，设立非物质文化遗产保护基金，扶持传承人，对非物质文化遗产项目和传承人给予适当补助，对各类获奖的非物质文化遗产作品和项目实行奖励和资助，激发非物质文化遗产传承人的积极性。

5.完善法律保护体系

第一，加强非遗保护立法工作。首先，注重立法的前瞻性，更加有效、系统地保护非物质文化遗产。新法不能仅仅应付目前的危机现状，更要能够解决目前乃至今后相当长一段时间内出现的问题。在日本非遗法律保护条款中，其条款目标清晰，范围广泛，法律条款主题突出，利于宣传，操作性强。更为长远的优势在于，一旦确定了清晰的保护范围和对象，即使人们生活方式和风俗习惯在不断变化，人民群众也能自觉、清楚而及时地保护社会不断变化中所创造的非物质文化财富。其次，加强单行立法与其他法律的有效衔接。单行立法最大的特征就是简单快捷，但这容易导致在立法之初考虑不到与其他法律的配合问题。而保护非物质文化遗产的法律大多涉及各行各业，如果配合不好就会使保护成为一纸空文。最后，发挥立法统筹兼顾的作用。在调查、建档、传承、传播制度中都要有完善的立法，特别是对发达国家窃取我国非物质文化遗产来谋取商业利益的行为，要通过完善的法律法规坚决予以遏制和严惩。

第二，将非物质文化遗产保护入宪。目前，我国对非物质文化遗产的保护工作进行了专门立法，但是保护工作仍然不到位，保护力度仍然较弱，法规建设方面仍然滞后于社会的发展。因此，把保护非物质文化遗产提升到宪法层面的高度对于人类文化的发展有着深远的意义和影响。我们需要强化现行宪法中有关非物质文化权的保护，明确非物质文化传承人文化权的保护和发展，确立保护与开发利用并重，以及公法与私法相结合的原则。

第三，建立非遗知识产权保护制度。在非遗知识产权保护方面的法律法规尚属空白，由于许多非遗项目是当地群体共同生活劳作过程中形成的，是集体智慧的结晶，非遗知识产权主体的认定也就存在困难，“抢注”、主体认定纠纷现象频出，急需调查理清，出台相关的制度保护非遗商标权、作品所有权，建立非遗知识产权保护机制和利益分配机制。

第四，加大惩治损害非遗行为的力度。保护非物质文化遗产，应当充分发挥行政法规、知识产权法保护非物质文化遗产主力军的作用，当且仅当违法行为突破行政法规、知识产权法规等法律法规的保护范围时，刑法才能发挥其应有的作用。要坚决打击侵害非物质文化遗产的违法犯罪行为，确保非物质文化遗产得到切实有效的保护。

第五，完善监督体系。人民群众是非遗的创造者、传承者，更应该是保护者。非遗项目监督不能仅仅依靠政府或者非遗传承人，更需要发动全民力量共同监督。要建立监督举报奖励制度，非遗中心联合相关执法部门加强惩处力度。

第六，完善行政救济制度。首先，立法中应该加强对政府履行保护非物质文化遗产职责的监督，确立行政复议和行政诉讼制度。如果政府采取的保护措施不合理不合法，特别是由于政府的不作为造成非物质文化遗产的破坏或者流失的行为，要有正确的途径来通过行政复议和行政诉讼获得救济。其次，在非物质文化遗产的保护方面要引入公益诉讼制度。要将公益诉讼制度引入到行政诉讼中来，因为只有公益诉讼才能解决诉讼主体不适格的问题，从而才能做好非物质文化遗产的保护工作。

四、结语

2018年，安徽省传统工艺振兴计划全面实施，研培计划深入开展。非物质文化遗产代表性项目和代表性传承人扶持力度不断加大。“见人见物见生活”的工作理念得以强化；文化生态保护区建设稳步推进，明确了“遗产丰富、氛围浓厚、特色鲜明、民众受益”的文化生态保护区建设目标。非物质文化遗产传播格局逐步建立。非物质文化遗产教研结合的学科建设稳步推进。非物质文化遗产保护传承及其成果更加全面地渗透到深化文化改革发展的诸多领域。但非物质文化遗产保护效果仍有待加强，抢救和保护民间非物质文化，继承和弘扬民族文化的优良传统，成为安徽人民的共同心声。保护安徽省非物质文化，任重而道远，它既是建设具有安徽特色文化的坚实基础，也是安徽文化走向世界的重要构成和有效路径。

行政公益诉讼实践研究[①]

——基于安徽省“检察系统”的调研

摘　要： 本文在对安徽省芜湖市公益诉讼实践调研的基础上，对行政公益诉讼制度现存问题进行初步的解析，并从拓宽案件来源渠道、明确起诉标准、完善证据规则、明确检察机关法律监督的定位、完善专业人才培育机制等方面提出了初步的推进路径。

关键词： 行政公益诉讼；证据规则；实践研究

自公益诉讼制度试点到正式立法监制，检察机关提起的公益诉讼实践之路并非平坦，一方面检察机关提起公益诉讼特别是行政公益诉讼，作为一项崭新的制度探索，拓展了在行政诉讼框架下对行政机关违法行为司法监督的空间，弥补了对公共利益进行司法救济的空白；另一方面，新生的行政公益诉讼犹如其母体——行政诉讼制度一样，并不是一帆风顺，虽不能说如行政诉讼般“举步维艰”，但确实面临着诸多现实问题。诚如马克思在《哥达纲领批判》中所言，“一个实际行动胜过一打纲领”，尽管行动和实践有其自身的逻辑，就建构一项制度而言，具体的制度实践的推动作用要远大于其

①指导老师：陆在春、徐本鑫；
团　队：法学院赴芜湖市检察系统“公益诉讼实践”调研团队；
主要撰写人：李雨晴、刘慧、张卓佩。

他的理论研究，任何理论总不能事先涵盖实践中的所有问题，只有在持续的实践中，各种可能性才能充分展开，也只有在不断解决问题的实践中，理论才能进一步深化和发展。检察机关提起公益诉讼，一个先于制度构建而进行的探索实践，意义十分重大。当前，针对检察机关提起公益诉讼中出现的问题，需要进一步深化理论研究，完善相关的法律法规。在此期间，更需要认真梳理公益诉讼工作的具体情况，仔细分析和研究目前存在的具体问题，然后才能有针对性地提出解决问题的措施，进而进一步推动理论研究和制度建构。依循上述逻辑思路，本文将以安徽省检察机关提起公益诉讼情况为研究对象，围绕实务中出现的主要问题以及经验教训展开研究。

一、公益诉讼的概念

公益诉讼主要是针对侵害国家和社会公共利益的行为，由法律规定的特定主体向人民法院提起诉讼，公益诉讼包括三大块，一是民事公益诉讼，二是行政公益诉讼，三是刑事附带民事公益诉讼。民事公益诉讼主要是检察机关在履职过程中，在生态环境、资源保护和食药安全等领域，发现存在损害公共利益等行为而提起的公益诉讼。行政公益诉讼是指检察机关在履职的过程当中发现在生态环境、资源保护中行政机关违法作为或者不作为，检察机关向行政机关提出检察建议，督促其依法履行职责，行政机关如果不依法履行职责，检察机关依法向法院提起诉讼。刑事附带民事公益诉讼是指检察院在对破坏生态环境和资源保护、食药安全领域侵害众多消费者权益、损害公众利益的犯罪行为提起公诉时，可以向法院一并提起附带民事诉讼。

二、安徽省公益诉讼实践概况

1.试点期间起诉案件（2015年7月—2017年6月）

试点期间，安徽省检察机关共提起公益诉讼案件71件，其中行政公益诉讼52件，民事公益诉讼15件，刑事附带民事公益诉讼4件。52件行政公益诉讼中，以案件范围、被告行业类型和以行政级别划分的具体情况如下。

（1）以案件范围划分。

环境保护类15件（28.8%），主要集中在水污染、大气污染、土壤污染及同时存在多种污染等方面；资源保护类20件（38.5%），主要集中在非法占用农用地、非法改变林地用途、非法毁林、破坏矿山地质环境、破坏水资源等方面；国有土地出让类8件（15.4%），主要集中在拖欠土地出让金等方面；国有资产保护类9件（17.3%），主要集中在骗取国家专项补贴资金、骗取安置补偿款、非法减免行政规费、偷税漏税等方面。

（2）以被告行业类型划分。

国土资源主管部门21件（40.4%）；环境保护主管部门9件（17.3%）；乡镇政府（街道办事处）6件（11.5%）；林业主管部门5件（9.6%）；住建（城管）部门3件（5.8%）；水务部门2件（3.8%）；其他部门6件（11.5%）（人防办1件、税务1件、商务和财政主管部门1件、农委1件、农机局1件、供销社1件）。

（3）以被告机关行政级别划分。

地市直属机关8件（15.4%）；县（区）直属机关38件（73.1%）；乡镇政府（街道办事处）6件（11.5%）；

2.全面开展后起诉案件（2017年7月—2017年12月）

2017年下半年全省检察机关共提起公益诉讼案件54件（同期起诉数全国第一）

（1）以诉讼类型划分，行政公益诉讼案件27件，民事公益诉讼案件11件，刑事附带民事公益诉讼案件16件。

（2）以案件范围划分，环境资源领域38件，国有土地使用权出让领域3件，国有资产保护领域9件，食品药品安全领域4件。

三、安徽省行政公益诉讼典型案件及思考

1.非法占用农用地案

芜湖市国土资源局在巡查过程中发现违法行为人把五十亩农用地从村民手中租过来后，出卖表层的肥沃土壤，并在原农用地上开设石子厂。国土资源局将其查处之后移送检察院批捕，违法行为人被惩处，但这块被非法破坏的农用地并未得到解决。检察院先后向该地的村委会、环保公益组发送支持起诉文件，要求其起诉相关部门，但是村委会和省环保协会并未提起诉讼。随后，弋江区检察院向芜湖市国土资源局发出了诉前检察建议，要求其限期履行职责。国土资源局在收到诉前检察建议后，积极履职，在一个月之内采取措施将被非法占用的以及破坏的农用地进行复垦，本案虽未最终成诉，但是在诉前程序阶段，已经取得了良好的执行效果。

此案件线索来源于反贪案件，由此案可以看出，检察机关在涉及国有资产、国有土地等案件中，获得案件线索主要是依靠反贪反渎的职能。但反贪反渎职能剥离检察机关后，如何在此领域获得案件线索，则主要依靠监察委在侦办案件时提供线索。诉前程序在此案件中也发挥了重要作用，检察建议书发出后相关职能部门积极整改，达到了所期待的恢复效果。此外，从该案件可以看出，公益诉讼的目的不在于诉讼形式本身，而是被侵害权益的保护以及恢复。

2. 非法盗采矿山案

违法行为人龙某、周某非法盗采矿山，给当地的生态环境造成严重的破坏。行为人被追诉后，因其违法行为导致的环境破坏并没有得到修复，被破坏的矿山仍存在山体滑坡、植被破坏以及开采后露天堆放的矿物对附近生态资源造成危险等问题。违法行为人不具备恢复该地生态环境的能力，而国土资源局并没有对该地问题进行处理。对此，弋江区人民检察院向芜湖市国土资源局发出检察建议，要求国土资源局限期履责，向社会招标进行污染治理。虽然矿山恢复过程缓慢，但目前为止，已经取得了良好的治理效果。

本案反映了污染产生后治理难，治理时间长的问题。环境破坏之后，恢复环境需要很长的时间，对于公益仍处在受侵害状态，检察机关在收到治理环境破坏积极反馈后，仍需要继续跟进监督，不能出现检察机关来了整改，走了就将治理工作束之高阁的现象。同时检察机关在决定是否起诉时，应当根据行为和结果综合考量。

3. 芜湖市亚兰德公司排污案

安徽亚兰德新能源材料股份有限公司于2006年10月25日在芜湖市工商行政管理局登记成立，法定代表人吕守国，公司经营范围包括新型二次电池材料，镍、钴、铜、锰材料及配套设备的研发等。该公司在2007年至2017年近十年间非法向长江水域直排污水，造成长江水体污染严重，造成环境损害。

此案件由于企业是芜湖市招商引资的重点企业，加上其董事长颇有影响力，所以在案件的调查过程中遇到很大的阻力，同时在案件线索来源上，现有的机制有漏洞，存在监管不到位的情况。在制度层面上，要提升发现线索、审查线索的能力。芜湖市检察院拟将云平台、大数据应用到公益诉讼中，这无疑提高了检察机关的能力，深化了检察智能化的路径，有利于检察工作的深入开展，也是芜湖建设智能城市的重要内容。在公益诉讼实践中，存在着各种阻力，其中一个重要的阻力是历史遗留问题造成的，公益诉讼是自上而下的，在顶层设计中存在法律不规范，有很多领域都是空白，造成执法人员在执法过程中束手束脚。同时，由于经济或者规划上不完善，导致公益诉讼工作受到阻力。要减少或者消除阻力，其根本还在于制度的完善，并保障检察机关行使权利，同时积极创建全民参与的氛围，使得环境污染等问题无处遁形。

4. 镜湖区土地出让金案

淮矿、万科等企业在镜湖区开发房地产项目，其项目地块的土地出让金并未完全缴纳，滞纳土地出让金多达数十亿元。其原因是开发商认为政府部门拆迁工作并未结束，仍有部分拆迁户没有拆迁，导致项目施工进程被拖延，自然拖延缴纳土地出让金。然而，检察机关认为虽然拆迁工作未完成，但是其与缴纳土地出让金并无关系，其本质上是双方违约，即政府部门和开发商都违约。但是，二者并不能相提并论，开发商基于合同，依然要履行相应的义务。所以，检察机关向芜湖市国土资源局发出检察建议，要求其督促各开发商缴纳土地出让金并承担违约责任。芜湖市国土资源局就此对于各开发商作出行政处罚决定，其中除了一个开发商接受处罚，其余开发商均申请仲裁。

本案是检察机关自己发现线索，向主管单位发出检察建议。由主管单位实施的行为可以看出，行政机关对于检察机关的行为由抗拒、不理睬改为积极接受。这一转变和监察委严肃的问责制度是分不开的。但也由于检察机关的检察建议没有刚性的约束力，反而是监察委的问责制度在背后“撑腰”，显得检察机关“狐假虎威”，也不利于未来检察机关的工作。在土地出让、国有资产流失等方面，由于检察机关缺乏相关的专业知识储备，并不能从中看出端倪，导致检察机关实际上是无法准确行使检察权的。

5.长江利民路水源保护区水污染案

芜湖市利民路水厂附近码头在日常运营过程中产生油污泄漏以及其他各种污染问题，对水源产生了不良的影响。而对该码头违法行为进行监督管理的责任主体有航港部门、地方海事局、水务局以及环保局等等，具体责任划分存在分歧。弋江区检察院排除万难，积极行使监督职责，向每个责任主体都发送了检察意见。而后，各责任主体协作，共同履行职责，现在原污染区域的治理已经取得良好效益。

本案件主要揭示了在行政部门权力交叉时，多个行政部门合作解决公益问题。就如何保障公共利益，如果是权力交叉领域或权力领域空白时，如何协调各行政机关的行动，划分其履行职务的方式值得我们研究，同时发现空白领域，补充空白领域，完善相关立法，也值得我们思考。

6. 蚌埠淮上区人民检察院诉蚌埠市国土资源局行政公益诉讼案

周某某等人多次转卖安淮丰村17.04亩耕地，最后将耕地租赁给华菱汽贸有限公司，华菱汽贸公司实际支付土地租金140万元，并利用该地块从事汽车销售经营活动，先后违法建造厂房等。蚌埠市国土资源局发现违法占用涉案农用地后，于2014年3月10日作出《责令停止土地违法行为通知书》，认为华菱汽贸公司未经依法批准擅自占用涉案土地从事非农业建设，责令其立即停止违法行为。周某某等人因犯非法倒卖土地使用权罪，被依法追究刑事责任。但华菱汽贸公司占用的农用地一直没有恢复原状。蚌埠淮上区人民检察院于2015年10月9日向蚌埠市国土资源局淮上分局发出检察建议，但该局回复检察建议后，该块土地仍没有进行任何整改。2016年1月19日，淮上区人民检察院遂向法院提起行政公益诉讼，案件起诉后，蚌埠市国土资源局积极整改并责令华菱汽贸公司恢复土地原状。后鉴于土地已恢复原状，淮上区人民检察院向法院申请撤回起诉。

该案件的典型意义在于其被告为市一级的行政机关，区别于一般行政公益诉讼实践中起诉对象大多为县区级的行政机关。行政机关不论行政级别的高低，只要存在乱作为或不作为现象，都应该受到法律的监督。此外，此案件也对全国开展资源保护类行政公益诉讼案件具有借鉴价值。在行政机关积极履职并达到资源保护的目的后，检察机关可以撤回起诉。此外，与行政机关建立的良性互动，有助于实现公益最大化。

7.长江流域安徽铜陵段跨省倾倒固废案被提起公益诉讼

2017年1月，被告人李闯在无固体废物处置资质的情况下，成立江苏省苏州益国环保服务有限公司，后通过伪造公司印章等方式，谎称4家接收处置单位，与苏州市、浙江嘉兴市相关企业进行洽谈。2017年10月，被告人李闯从江苏、浙江的9家企业收集工业污泥共计2525.89吨，分两次跨省运输并倾倒至安徽省铜陵市江滨村江滩边，造成环境严重污染。安徽省芜湖市镜湖区人民检察院7月16日以涉嫌污染环境罪，就长江安徽铜陵段跨省倾倒固废案中李闯等12名被告人提起公诉，同时对该起污染案中的21名被告提起刑事附带民事公益诉讼。目前，本案件中查扣的8艘装载固体废物船只已全部安全押回江苏、浙江原装载码头，非法倾倒的危险废物和固体废物已全部通过水泥窑安全处置，倾倒场地已完成土壤治理和环境修复，公安和检察机关会同环保部门查证犯罪嫌疑人29人、逮捕10人。

四、思考

这些案件中，违法者犯罪手段比较隐蔽、专业化程度高、环境破坏后果较为严重。因此处理此类案件主要有以下几个难点：确定管辖难、法律适用难、调查取证难、司法鉴定难、从严惩治难、生态修复难。为了解决上述问题，有专家建议，适时通过推动人大修法，提高污染环境罪的法定刑设置，提高自由刑和罚金刑幅度，达到罪刑适应、刑罚均衡、震慑犯罪的目的；借鉴起诉电信诈骗的证据采集方式，解决取证难题，打击随意倾倒固体废物的行为等；由司法机关和部门对流域性案件的职能管辖和地域管辖问题出台相应指导意见，建立办理环境污染犯罪案件跨地域协作机制；完善鉴定程序，明确鉴定费用的支出渠道和承担主体；联合环保组织或第三方执行机构，制定专业的修复方案，对环境修复费用的使用以及具体履行做好规划设计，不仅保证受损害的环境得到修复，以及遭到破坏的生态系统也要得到恢复；推动生态修复责任社会化，通过建立完善的环境保险制度、企业环境公积金提存、政府征收环境税等方式解决生态环境修复的资金难题。

五、公益诉讼的现实窘境

1. 案件线索来源急需拓展

检察机关“履行职责中发现线索视为行政公益诉讼案件线索”中“履行职责”存在争议。在弋江区《检察机关行政公益诉讼案件办案指南（试行）》中，关于线索发现的问题，行政公益诉讼案件线索限于检察机关在履行职责中发现的情形。“履行职责”包括履行批准或者决定逮捕、审查起诉、控告检察、诉讼监督、公益监督等职责。实践中，对于通过行政执法与刑事司法衔接平台、行政执法与行政检察衔接平台等发现案件线索的，视为“在履行职责中发现”。而对于新闻报道是否作为检察机关在履行职责中发现的线索，在实践中存在很大的争议，一种观点认为检察机关对相关的新闻报道进行求真考察，这是在履行监督权；另一种观点认为新闻报道不属于检察机关“在履职中发现”的情形。这就涉及检察机关在公益诉讼中究竟充当什么样的角色问题，对此，学者们争议不断，众说纷纭。

案件线索的缺乏给检察机关提起行政公益诉讼带来了困难，无案可诉，公益诉讼谈何说起。尽管检察机关不断完善外部协调，如加强与行政机关的合作，加强与公益组织的合作，或者建立案件线索双向移送机制等等，但仍然存在案件线索来源渠道单一的窘境。

2.行政公益诉讼起诉标准亟须规范

其一，检察机关诉前建议中包括被监督对象的名称、被监督行政行为构成违法行使职权或者不作为的理由和法律依据等。“我国当前的环境法律体系是依据环境要素的具体分类分别制定法律规范的，形成了体系庞大的控制环境污染和防治生态破坏的单行法。这种立法体系特征使得生态环境与资源保护领域的执法权由多个行政部门承担，产生环境行政权力碎片化、职能交叉，政出多门现象”[①]。再者，在检察人员缺乏相关专业知识的情况下，如环保的相关知识，遇到行政机关踢皮球的情况，确定适格对象也是一个难题。

①冉冉. 中国地方环境政治：政策与执行之间的距离[M]. 北京：中央编译出版社，2015.

其二，只有行政机关收到诉前建议后积极作为，或是行政机关收到诉前建议后将受损公益恢复到最大程度才可以免于被起诉。就现实情况看来，这两种标准都过于片面，前者的唯行为论，使公益一直处于被侵害状态下；后者的唯结果论，给行政机关带来非常大的压力，在一些复杂案件中，比如，在环境类行政公益诉讼中，由于天气、施工条件、工期等客观原因[①]，行政机关在诉前建议规定的时间并不能恢复公益，最终导致行政机关走向被告席，这是不公平的，违背公益诉讼初衷。所以对于行政机关“依法履行职责”怎么理解是检察机关在办案过程中的一大难题。

在实务中，试点期间是按照依法、全面（穷尽）原则，显然过于苛刻。所以，在公益诉讼全面实践的今天又如何做出抉择？是唯结果论还是唯行为论？在我们调研的过程中发现，检察机关办案实务中视结果为唯一起诉标准的并不多见，更多的是监督行政机关在受到诉前建议后没有作为的行为。行政机关在收到诉前建议后会在规定的时间内最大程度恢复受损害的公益，但也存在被损害的公益在规定时间内难以恢复。基于此种情况，法律并没有作出明确规定，而凭借检察人员的个人感觉提起公益诉讼，未免有失偏颇。这样容易造成不公现象，影响法律尊严。典型案例如公益诉讼人贵州省贞丰县人民检察院诉被告兴仁县环保局行政不作为案。此案中，被告收到检察建议后积极作为，但第三人的行为依然对环境公益造成了损害，有些属于人民政府的职权范围（比如依法关闭该矿），有些超出行政权作用范围（如矿山生

①刘超．环境行政公益诉讼诉前程序省思[J]．法学，2018(1)．

态恢复缓慢），但在结果导向下，检察机关依然提起了环境行政公益诉讼。

3.行政公益诉讼相关证据规则尚待完善

在行政机关看来，检察机关属于找碴式的办案，“检察机关与行政机关对于是否纠正违法行为与依法履行法定职责存在较大分歧”[①]，加上绩效考核制度的存在，行政机关走向被告席必然影响行政人员的考核，这些主客观原因使得行政机关对检察机关提起的行政公益诉讼打从心底不认同、不配合。尽管法律规定检察机关为法律监督主体，在公益诉讼方面规定了许多权利，但这些权利大多宽泛，检察机关的调查取证权规定的也不够明确具体，尤其是“证据的调取程序以及证据的运用程序都有待细致规定”[②]。像一些涉污企业的企业账本或排污记录等都属于企业内部机密，很多证据都掌握在作为被告的大型企业、公司或者组织手中，检察机关刚力不足，加上取证、鉴定费用过高，导致检察机关调查取证困难，在现实情况下还存在鉴定标准检方和行政机关不一致的情况，这些首先在证据方面给检察机关制造了困难。不少基层检察机关由于担心证据不充分、有偏差，在公益诉讼当中败诉而束手束脚，对于行政机关不配合、不愿提供执法卷宗和鉴定报告的，便不敢开展监督工作，给人造成“柿子挑软的捏”的印象[③]。

①刘超．环境行政公益诉讼诉前程序省思[J]．法学，2018(1)．

②叶肖华，刘延炀．论我国环境民事公益诉讼的实践难题——基于法治浙江的调研[J]．环境保护，2018(2)．

③林仪明．我国行政公益诉讼立法难题与司法应对[J]．东方法学，2018(2)．

4. 法律监督存在诸多问题

我国《宪法》第一百二十九条规定，中华人民共和国人民检察机关是国家的法律监督机关，检察机关作为法律监督机关的宪法定位，使其肩负对审判活动行使监督权的职责，这是一个基本原则和根本方向。检察机关坚持和履行法律监督职能是维护自己的宪法地位的过程[①]。

但检察机关在履行法律监督职责方面存在诸多问题。检察机关提起的公益诉讼是在公益受到明显损害后的事后救济，属于事后监督。且监督立法规范空泛，监督形式单一。从制度本身看，人员的考核体制也存在缺陷。在现实生活中，由于某些检查人员的素质问题和考核机制等原因，会存在检察人员以公益的名义从事私益活动的行为，且“检察建议能否减少公共利益的损失也缺乏相应的衡量标准，对其内容缺乏审核监督。”[②]“再者因为检察机关作为法律监督主体，如果同时担任原告的角色，就会有既做运动员又做裁判员的嫌疑。”[③]

5. 专业人才严重匮乏

在完善环境公益诉讼机构设置的同时，提高检察监管人员的工作水平也十分重要，专业人才做专业事。[④]但公益诉讼

---

①戴玉忠. 检察学的发展历史、研究现状与前瞻[J]. 人民检察, 2007(15).

②秦前红. 检察机关参与行政公益诉讼理论与实践的若干问题探讨[J]. 政治与法律, 2016(11).

③刘知临. 环境公益诉讼中检察机关审判监督制度研究[D]. 重庆：重庆大学, 2015.

④秦前红. 检察机关参与行政公益诉讼理论与实践的若干问题探讨[J]. 政治与法律, 2016(11).

起步不久，各检察机关也在“摸着石头过河”，目前我国检察机关的检察人员较少，审判监督力量薄弱。[①]就检察机关民行处而言，事多人少，掌握公益诉讼知识的人很少，加上公益诉讼涉及面广，涉及很多检察机关所不熟悉的法律知识，公益诉讼发展困难，因而加强检察机关工作人员自身执法水平、提高执法人的综合素质刻不容缓。

六、完善公益诉讼的初步设想

（一）拓宽线索来源渠道

1.对法律规定的公共利益做扩大解释

将检察机关“履行职责”做扩大解释。主体不仅是检察机关的民事行政部门，还应包括检察机关其他部门；履行职责中发现的线索，不仅包括检察机关履行自身业务，如犯罪侦查、决定逮捕、审查起诉等职责中发现的线索，还应包括人大、政协、党委、政府等机关移送的案件线索和公民、法人、其他组织控告申诉中发现的线索，因为检察机关的重要职能是法律监督，接受以上主体转交的线索是履行法律监督职能的体现，也是履行职责的应有范畴。

2.建立完善检察院联络员机制

要转变工作机制，应从“找碴式”的办案转变到合作式的办案。通过邀请一些律师以及司法局、信访局、人社局等部门相关工作人员作为检察院的检察联络员，为检察院提供案件线索来源，同时还可以通过这些人员来帮助检察院做宣传和引导工作，互帮互助。通过建立两个“支部”专家咨询

①单民，薛伟宏．遵循检察工作的基本规律[J]．人民检察，2008(9)．

部门和民刑检察联络员，实现由过去的单一阵容，逐步增加一些相关行业领域的内容，如环境协会，专家群体，从事工程科技、食药安全的专业人才，作为“联络单位”来监督保护一定范围内的公益组织，实现检察机关与公益组织通力合作。检察机关借助公益组织的资金、人才、技术等，公益组织借助检察机关的公权力，互相配合。丰富专家库资源，至少保证公益诉讼五大领域至少有一个专家。同时还可以加强与高校科研院所的合作，充分吸收专家教授的意见，以弥补检察院相关知识的不足。比如，在利民路水厂污染案件以及城南垃圾填埋场案件中，使用了无人机监控航拍，以及公益组织专家的污染鉴定。这些案件来源，以及证据的取得都给检察机关进行公益诉讼提供了极大的帮助。

3.加强与行政机关的联络与合作

作为现代社会的典型公共议题，具有动态性、复杂性、跨区域性、不确定性等特点的环境治理不可避免地涉及立法权、司法权，但最主要的还是依赖于具有专业优势、富有积极、灵活、高效的行政权①。为实现真正的社会公益，要加强与行政机关的合作。

建立沟通协调工作机制。积极与行政执法部门进行对接，重点就公益诉讼线索移送、信息共享等方面建立健全工作协调机制。比如，芜湖市检察院与芜湖市环保局共同签署《关于加强环境保护行政执法检察监督工作协作机制的实施意见》，与芜湖市国土资源局共同拟定《国土资源行政执法与监

①王明远．论我国环境公益诉讼的发展方向:基于行政权与司法权关系理论的分析[J]．中国法学,2016(1).

察监督联动机制的若干意见》，此外还与药监局、城管、人事局等部门签署合作协议，在共同促进公共领域行政执法、加强检察监督效果、完善沟通协调机制等方面达成了诸多共识。通过制定定期会商、信息共享、案件互询、检察监督等多项工作机制，实现地市级检查监督和行政执法的无缝衔接。又如，青海省西宁市城北区在全省率先设立民事行政公益诉讼检察工作站，搭建司、检两部门互联互通的民事检察工作平台，并在城北区司法局挂牌。有效整合了检察机关民事行政监督和司法行政公共法律服务职能，更好方便服务群众①。

建立信息共享大数据平台。基于平等自愿原则，行政机关自愿上传行政处罚的案件，检察机关对行政处罚的案件可以随时查询，一方面促进行政机关更好地履职，另一方面给检察机关提供案源监督行政机关在执法过程中是否存在违法行为，避免人工调卷或查处相关信息，节约时间，减少人力物力财力资源的消耗。

4.与其他国家机关密切联系

主要加强与监察委之间的密切联系。《中华人民共和国监察法》规定了国家监察机关对“行使公权力的公职人员进行监察，调查职务违法和职务犯罪”，其履行职责包括“对在行使职权中存在的问题提出监察建议”。国家监察的职能与行政公益诉讼的职能在涉及相关行政机关时会有所交叉，检察机关在履行行政公益诉讼工作职责过程中，在案件线索移送、

①范生栋．城北区：率先设立民事行政公益诉讼检察工作站[J]．青海党的生活，2018(7)．

调查取证、督促履职等方面，与监察委的工作有不少衔接之处。因此，要完善“两法”衔接机制，加强与监察委的合作，充分发挥衔接信息平台的作用，将执法信息录入信息平台，加强线索移送机制的建设，实现信息共享。特别是加强与监察委在线索移送方面的对接工作，通过建立联席会议，互派联络员等方式，搭建信息共享平台，掌握行政机关不作为或乱作为的动态信息[①]。

5.建立群众对公益诉讼类案件举报奖励制度

日本的公益诉讼一般通过民事诉讼中的团体诉讼、行政诉讼中的控告诉讼、民众诉讼和《地方自治法》上的居民诉讼得以实现。此外，日本还于2004年6月制定了《公益通报者保护法》，以鼓励个人对损害公共利益的行为进行监督和检举。该法旨在保护那些为了保护公共利益而对有关单位或个人进行举报却遭到被举报人解雇、降薪或其他报复行为的举报人的利益。典型案例比如2007年1月的不二家使用过期牛奶制作糕点事件、6月的MITOHOPU公司在牛肉制品中掺杂鸡肉的原料肉掺假事件、8月的石屋制果公司篡改“白色恋人”（著名的北海道特色糕点）事件等8起损害消费者权益事件，这些案件均出自内部人员的举报和告发。日本制定《公益通报者保护法》的宗旨也是在保护举报人的前提下，通过设置内部举报窗口净化企业自身行为、促使经营者重视社会信用、改变利益至上的经营方针。公益通报制度较公益诉讼而言，一般举报人更容易掌握被举报人的违法证据，且可以

①李成，赵维刚．困境与突破：行政公益诉讼线索发现机制研究[J]．四川师范大学学报（社会科学版），2018(4).

防止实际损害的发生。而公益诉讼一般是有实际损害发生或存在实际损害发生危险的情况下，才能提起诉讼。因此，较公益诉讼而言，公益通报制度更能起到防患于未然的作用。此举措从立法层面上对于我国检察机关拓宽案件来源，以及证据取得有着重要的借鉴意义。

加大对公益诉讼的宣传。比如，芜湖市人民检察院举办“走进公益诉讼”检察开放日活动，召开新闻发布会，向媒体介绍芜湖市公益诉讼开展情况和特色亮点，邀请市人大代表、市政协委员、行政执法单位代表以及专家教授等进行座谈。同时可以利用二维码等便利方式，在公共场合如公共交通工具上、车站、小区的宣传栏发布平台推广信息，也可以利用检察院的官方微博、公众号、官方网站等平台进行宣传推广。通过这些方式，增进公众对检察机关公益诉讼的知情权、参与权，使社会各界对公益诉讼工作有了更加深入的了解。

建立对举报行为的奖励制度。通过设立相应的有奖举报制度，扩大线索的来源，筛选市民举报的信息，对一些确实对案件进展有效的线索予以书面嘉奖或其他奖励，鼓励群众积极参与，形成检察官与群众互动的良好效应。在这一方面，美国在《防止欺诈请求法》中建立的告发人诉讼制度值得我国借鉴。“告发人”是掌握环境违法行为秘密信息的公民，只要环境公益受到事实上的损害，告发人即可向环保部门揭发违法行为。告发人诉讼对有违法行为的被告实行惩罚性赔偿，处以民事罚金和损害赔偿金双重处罚，其中，民事罚金归属于告发人[①]。

建立群众举报案件平台。例如“公益诉讼随手拍”，简化民众提供案件的方式，但在案源的质量问题上应当严格把关，考虑到民众对公益诉讼的认识程度参差不齐，一些案件也许达不到“公益诉讼”案源的标准，在群众举报平台的提交审核部分应当作出警示，以防“滥举报”“错举报”等情况发生。平台用户应当进行实名认证，对于恶意举报行为应当给予一定的惩罚措施。

（二）规范起诉标准

1.确定适格的检察建议对象

当一个破坏公益的行为发生时，行业主管部门和分管部门都有作为的义务，考虑到执行效率和效益，往往是行业主管部门最具发言权。检察院向行业主管部门发检察建议应该切中要害。

对于多个部门共同不作为，可以向所有不作为的行政机关发检察建议。由于各种现实原因，相关行政机关在管理时职能会出现交叉或空白，行政机关职能的分工使得污染行为无人管理。但该污染行为确实存在且切实损害了社会公共利益，如不及时处理会扩大损害后果。就一事向多部门同时发检察建议，要求履行职责。在现如今的背景下根据检察机关的实际诉前建议情况，多部门之间很少发生推诿现象。因此，现如今给多个部门发检察建议行之有效。

2.综合考虑检察建议发出后行政机关执行情况

①张颖．环境公益诉讼费用规则的思考[J]．法学，2013(7)．

就唯行为论还是唯结果论的争议，都太过片面[①]，而应完善相关立法，就起诉标准问题设立明确的规范。对于是否提起行政公益诉讼应当综合考量行政机关是否作为以及作为的效果，相应的立法或者司法解释应当对此更加明确。检察建议发出后，不仅应该就到期执行的实际成果看，即国家或社会的公共利益是否仍然处于受侵害的状态或处于受到侵害的潜在危险状态[②]。而对于一些特殊情形，如恢复植被、修复土壤、治理环境等只要行政机关在积极履行职责，如制定了相关修复方案，方案也具有可行性，即使没有整改完毕，也应尊重行政成熟性原则，暂时不提起诉讼[③]。还应结合执行的态度与后续规划跟进情况，考量其是否在积极履行职责以及是否给出应对方案。在自然因素的考量下，行政机关实质上不可能在设定的履职期限内满足检察建议的要求，而生硬的就结果为起诉标准则会丧失公平。

3.诉讼请求内容多元化

货币赔偿成主力，赔礼道歉尝试运用。多数诉讼请求根据具体案情，围绕停止侵害（含排除妨碍、消除危险）、恢复原状、赔偿损失、赔礼道歉等四类形式展开，再加上承担诉讼相关费用，结构合理，环境类赔偿成为主要责任形式，既体现了对“公共价值”的法律确认和诉讼的公益属性，也契合了民事责任的特点，并使执行难度大为降低—执行货币赔

①徐全兵．检察机关提起行政公益诉讼的职能定位与制度构建[J]．行政法学研究，2017(5)．

②王春业．行政公益诉讼“诉前程序”检视[J]．社会科学，2018(6)．

③徐全兵．检察机关提起行政公益诉讼的职能定位与制度构建[J]．行政法学研究，2017(5)．

偿要比强制“恢复原状”或“限期达标”容易得多。责任内容及承担方式灵活[①]。

在美国1999年的清洁空气法案件中，美国总检察长与环境环保署联合与Willamette公司达成和解，最值得注意的是和解方案中除了民事罚款金额，还要求Willamette安装污染控制技术与压力装置，对全部活动实行多媒体监控，提供排放补救项目以补偿多年来的非法排放，其所实施的项目包括替代燃油项目、社区下水道和供水系统改进项目等，以及捐赠一部分Willamette工厂的所在地作为州公用场地。和解协议的内容丰富形式多样，将补救的惩罚性措施与社会责任相结合，体现公益保护的社会价值。在中国公益诉讼实践中，也可以借鉴其经验，灵活运用责任承担方式，让被告人承担相应的社会责任，切实保障与体现公共利益[②]。

4.完善人员考评机制

科学合理的考评机制对一个团体和机关的运作有着良好的导向作用。检察机关规范公益诉讼工作亦离不开科学合理的考评机制，避免只追求考核绩效而忽视案件的真实情况。一方面，应在民事行政检察工作的考核办法中，增加支持起诉，督促履行职责的权重，体现处理公益诉讼案件检察人员的监督责任。另一方面，实行案件追究制，在支持起诉的案件中，进行巡回抽查，排除不合理不合法的起诉理由，并追究人员纳入考评机制，规范案件起诉标准，避免滥诉的情

①巩固.2015年中国环境民事公益诉讼的实证分析[J].法学,2016(9).

②胡云红.比较法视野下的域外公益诉讼制度研究[J].中国政法大学学报,2017(4).

况。避免因不合理的考核机制影响到被告或公共利益，违背公益诉讼的初衷。

（三）促进证据规则立法与完善

1.充分落实检察机关的调查核实权

通过立法保障检察机关执法调卷权。从制度设计层面给予检察院这一行政公益诉讼主体办案便利，针对行政机关不作为、乱作为等行为导致的行政公益诉讼案件，涉事部门必定会对检察院办案产生阻力，立法保障检察机关的调卷权，使涉事部门不得隐匿违法证据。同时也对行政机关依法行政进行一定程度的威慑，督促其依法、依质、依量地执法。另外，对行使调卷权的监督也应当做出明确规定，即权力应当如何赋予、赋予到什么程度、权利的行使程序等方面进行具体规定[①]。

引入专家辅助人制度。在办理公益诉讼案件过程中，除了传统的调阅书证、询问证人等手段，还应该积极运用现场勘察、委托专业人士评估鉴定等取证方式。比如，芜湖市在办理无为县国土资源局怠于履职一案中，办案人员到案涉非法采矿点进行实地勘察、拍摄大量照片视频制作询问笔录，用以证明当地矿山地质环境遭受破坏的事实，并聘请高校专家教授到实地勘察评估，针对案涉非法采矿点的地质环境损害事实、恢复治理费用出具了较为权威的专家评估意见。“本案引入专家辅助人制度，法庭对于生态环境的稀缺性、生态环境恢复的难易程度、被告因侵害行为所获得的利益以及过

①彭波．公益诉讼推动依法行政[N]．人民日报，2016-07-27.

错程度等因素，在参考负有环境保护监督职责的部门和有关专家的意见的基础上，予以合理的肯定。”①

注重利用高科技进行取证。比如，芜湖市在办理南陵县城管局违法行使职权和繁昌县环保局怠于履职两起行政公益诉讼案件中，办案部门技术人员操作无人机，在高空中对土地破坏和大气污染等现场进行航拍，所拍摄的照片和视频高度清晰，在庭审出示时起到了震慑作用且具有说服力的视觉效果，为案件的成功办理提供了有力的技术保障。

2.明确举证责任倒置

根据《关于检察公益诉讼案件适用法律若干问题的解释》第四条“人民检察院以公益诉讼人身份提起公益诉讼，依照民事诉讼法、行政诉讼法享有相应的诉讼权利，履行相应的诉讼义务，但法律、司法解释另有规定的除外”并没有明确规定在行政公益诉讼中是否严格执行行政诉讼法的相关举证责任。“行政公益诉讼仍然是行政诉讼的范畴，只是因为其关涉公共利益而被命名为行政公益诉讼，其实质仍然是特定主体针对行政机关的不作为或乱作为而进行的一种司法救济和法律监督。”②在行政公益诉讼案件中，行政机关取证上的专业性与便利性要胜过检察机关；另外，不论是作为还是不作为，均是行政机关所为，行政机关具有证明自身行为合法性的义务③。因此，应实行举证责任倒置的原则。

①巩固.2015年中国环境民事公益诉讼的实证分析[J].法学,2016(9).

②姜涛.检察机关提起行政公益诉讼制度:一个中国问题的思考[J].政法论坛,2015(6).

③朱全宝.论检察机关提起行政公益诉讼:特征、模式与程序[J].法学杂志,2015(4).

3. 案件指定管辖，破除地方行政机关阻力

公益诉讼的开展是非常艰难的，公益诉讼起步不久，宣传也没有到位，行政机关即公益诉讼诉前建议或公益诉讼的相对人对公益诉讼的了解也不是很透彻，行政机关对此非常不理解、不支持，加上在试点期间检察机关“找碴式”的办案，更引发检察机关与行政机关之间的矛盾。行政机关基于自身利益的考量，会给检察机关的办案制造各种阻力。通过上级检察机关指定下级检察机关异地管辖，可以有效规避地方的行政阻力，使公益诉讼有效进行，从而更好地维护公共利益。

（四）明确检察机关法律监督的定位

一切权力都有“腐化”的风险。权力不论大小，只要不受制约与监督，都可能被滥用，这就需要公开权力运行流程，让权力在阳光下运行，让社会力量在公开中监督，保证权力正确行使。检察机关作为宪法规定的法律监督机关，应当担当起法律监督的职责，明确职能定位，做好法律监督工作。

1. 检察机关提起诉讼需要坚守司法克制主义[①]

行政公益诉讼在保护公共利益的背后，涉及一个司法权与行政权的关系配置问题，它实际上是“由检察机关采用诉讼形式，利用国家检察权力启动审判，通过检察权和审判权两种权力的合理运用，发挥司法的政策引导功能和强制威慑

①姜涛．检察机关提起行政公益诉讼制度：一个中国问题的思考[J]．政法论坛，2015(6)．

功能，从而实现司法权对行政权的制约。”[①]功能相当原则决定了检察机关在提起环境行政公益诉讼时，应当恪守监督的界限，平衡好检察监督权与行政执法权，以达到公益诉讼效果的最大化。

检察机关要严格执行审批制度。在试点期间，地方各级人民检察院决定向人民法院提起公益诉讼的，应当层报最高人民法院批准。地方各级人民检察院决定向人民法院撤回公益诉讼的，应当层报最高人民法院批准。在全面推行公益诉讼后，层报审批权限下移，但区县基层检察院提起的公益诉讼案件仍然需要层报省检察院。这在一定程度上避免了滥诉的可能，为上级指导与监督提供了强有力的支持。

2.妥善协调检察机关的双重身份

检察机关虽然具有公益诉讼人和法律监督机关的双重身份，但二者有主有次，公益诉讼人的身份是第一性的，法律监督机关是第二性的[②]。在公益诉讼中必须明确检察机关是公益诉讼人的身份，检察机关的法律监督权应当是隐性的，是最后的救济手段，他的法律监督人的身份更不能为提起公益诉讼提供便利。检察机关应当摆正自己的位置，在行使公益诉讼人的身份的同时，也是在履行法律监督权。

3.合理落实事后跟踪监督

检察机关法律监督亦要落实跟踪监督。在环境公益诉讼案件中，检察机关不仅要为维护公益提起诉讼，还可成立相

①王姝亚. 行政公益诉讼制度完善之策[J]. 人民论坛,2011(7).

②秦前红. 检察机关参与行政公益诉讼理论与实践的若干问题探讨[J]. 政治与法律,2016(11).

应的督察组定期监督生效裁判的执行情况。若遇到不予履行生效裁判或怠于履行生效裁判的情况，检察机关一方面可以通过人民法院发出检察建议，实现柔性监督，督促其履行职责；另一方面可以自行给执行机关发出通知书，要求其说明理由，如果理由不充分，则督促其执行。再者，亦可建立行政机关领导人负责制的制度，针对执行不到位或不执行的情况，可以追究其行政机关领导人的责任，落实每一个案件的执行情况①。与此同时，对于某些破坏后不能恢复原样的社会公益，如在环境类公益诉讼案件中，检察机关的监督不应也不可能做到“损失多少补多少”，而更主要是一种体现“污染者担责”的象征性补偿，并同时发挥着惩罚、教育、激励以及筹措环保资金等功能②。

（五）加大人才的输出和培养

1.公益诉讼部门独立化制度设计

检察院可就公益诉讼的特殊属性单设部门，并对独立的部门进行制度设计，由专门的公益诉讼人才办理公益诉讼案件，提高办案效率及专业化程度。由于公益诉讼制度行道未半，一切尚在摸索之中，但就目前的公益诉讼形势而言，独立的公益诉讼发展制度能够通过专业化的分工，具体细分到各类案件的处理上，对处理公益诉讼的检察官进行具体分工，提高办案质量与效率。

美国作为世界上公益诉讼制度发展的起源地，其制度经

①张鲁萍．检察机关提起环境行政公益诉讼功能定位与制度建构[J]．学术界，2018(1)．

②巩固．2015年中国环境民事公益诉讼的实证分析[J]．法学，2016(9)．

验对我国发展公益诉讼事业有一定的借鉴价值。在其公益诉讼制度中，由总检察长以及各州检察官负责代表政府对违反公共利益的行为提起诉讼。总检察长下设多个机构，其部门内专设有三个民事法庭，分别为民庭、民权庭和环境与自然资源庭。在这三个庭下又包括各个专门的办公室，各个庭在总检察长的监督与指导下开展工作，与美国检察官密切联系工作。通过细化部门可以从诸多方面保证总检察长对公共利益的维护[①]。

2.发挥集体智慧，上级检察机关宏观指导

公益诉讼中对基层检察院的办案情况，市检察院既负有领导的责任，也负有指导的责任。在大方向上，上级检察机关应当把握宏观布局，发挥牵头领导作用，担当起指导培训责任，比如出台一些工作机制和规范性文件，加强与高校进行合作。

3.成立专门的公益诉讼研究中心和特色教育基地

通过邀请高校、科研院所的专家做研究顾问，行政机关和检察机关一些业务骨干担任研究人员，实现公益诉讼理论研究与办案实务的有效对接，为公益诉讼的司法实践和人才培育提供智力支持。一是以“检察官教检察官”的方式强化全员培训。二是要作为“一把手”工程推进，加强协调沟通、加大办案力度、充实办案力量、发动媒体宣传。建立“一案三查”制度（查有无立案监督可能、查有无职务犯罪可能、查有无公益诉讼可能），对重点线索精准发力，切实提高

① 胡云红．比较法视野下的域外公益诉讼制度研究[J]．中国政法大学学报，2017(4)．

成案率。三是着重培养检察官出庭应诉能力。重视庭前准备工作、庭前会议，组织庭审观摩，在庭后对出庭人员表现、案件质量、庭审效果等方面进行评议；让检察人员在整个公益诉讼过程中互相学习、累计经验、提升本领。

4.建立公益诉讼与其他学科交叉式的人才培养制度

鉴于公益诉讼案件的特殊性，一些案件对于检察官的专业素养要求甚高。例如环境保护类案件就要求检察官对于环境科学方面具备相应的专业知识。日后在公益诉讼检察官的培养上，可采取法学与其他学科交叉式教学模式，公益诉讼检察官不仅要具备一般检察官的技能，更要其对公益诉讼涉及的其他学科知识的掌握。可与专家联络员机制进行互补，避免信息交流不畅。

5.建立检察机关工作人员参与行政公益诉讼奖惩措施

任何人才的输出和配给都离不开奖惩制度，建立科学有效的奖惩制度能够对公益诉讼人才的培养提供有力的支持。同时还要完善下级检察机关和工作人员在政策制定中的参与权。实务中的公益诉讼案件一般由基层检察院管辖，政策的制定需要倾听基层一线人员的心声，了解办案难题，对症下药。

七、结语

近年来，行政公益诉讼从无到有，从理论到实践都取得了较快的发展。在暑期调研时，不乏当地居民反映，他们的居住环境得到了明显的改善。这离不开检察机关提起的行政公益诉讼，更离不开为公益而付出的检察官们。行政公益诉讼作为一种新兴制度，学界应该怀着包容和鼓励的态度，方能使新制度茁壮成长、愈加完善。但行政公益诉讼不同于一般的公益诉讼，建立完善的行政公益诉讼制度，还需要广泛而深刻的制度创新，也需要持之以恒的实践，而这必然是一个长期而有意义的过程。

新时代关于自治、德治与法治相结合现状的探索和思考[①]

摘 要：改革开放40年，我国基层组织建设取得了长足的进步，但基层治理中仍存在“行政化”“形式化”现象，主要原因在于体制机制不健全，相关基础设施还没有与人民日益增长的美好生活的需要相契合，治理方式需要不断改进。在基层治理体系中，加快完善相关体制机制，加大资金投入，完善相关配套设施，提高基层工作人员的收入，推进治理方式的创新。加强基层基础工作，作为基层治理的一个重要组成部分，它既需要与其他基层振兴战略举措同时实施，又需要在其他举措取得初步成效的基础上更有针对性地加以推进。

关键词：自治；德治；法治；基层治理

一、自治、德治与法治相结合战略的提出及其关系

在中国共产党第十九次全国代表大会上的报告中，习近平依据基层实际提出实施乡村振兴战略，加强农村基层基础

---

①指导教师：朱启友；
团队成员：赵越、贺雨晴、何慧敏、姜明月、时冲、章兰、徐慧文、曹雅璇、洪俊雅、方慧、李宁、魏梦娜、崔小荣；
执 笔：赵越。

工作，健全自治、法治、德治相结合的基层治理体系。这将必然引起基层新一轮变革，推动基层治理走上新台阶，走上共享经济发展的快车道。

2013年，浙江嘉兴的桐乡市率先推出“法治为要、德治为基、自治为本”的“三治”建设，旨在建立“严格执法、公正司法、全民守法”的法治建设体系，“以评立德、以文养德、以规促德”的德治建设体系，“自我管理、自我服务、自我监督”的自治建设体系，从而建立健全“党委领导、政府负责、社会协同、公正参与、法治保障”的社会治理新格局。“法治、德治、自治”相互衔接、又相互补充，用法治手段维护公平正义，用道德力量纠正失德行为，用自制方式激发治理活力，不断增强基层社会治理的正能量。

自治即基层群众自治，法治即法律在国家生活中的至高无上性和最高权威性，国家的政治生活、经济生活和社会生活的各个方面以及公民的各种行为都要依据法律的规定来进行，德治即人类社会用道德控制和评价社会成员行为的一种手段。在实践中，三者形成了各自的功能和作用。总体来看，三者不是同一层面的治理方式，自治是核心，法治是保障，德治是基础。自治、法治、德治融合建设的核心在于组织架构上坚持整体论，寻找有效载体，激发群众广泛参与，让社会运转起来。

二、成效与不足：基于三个城市的若干社区治理的现状分析

1.调研社区的基本情况概述

六安市金马社区是经市政府批准，于2013年1月在原平桥乡马巷村基础上改建而成。社区位于六安市西郊，区位优越。社区东邻烟波淠河，北接新安镇，南与皖西学院隔河相望。随着景观大道西环路、河西纵七路以及西二环、西三环路的开通，金马社区的区位优势将更加明显，形成以淠河及绿地为载体，点、线、面全面互动，在营造整体风格的同时，全方位打造高品质居住环境及人文社区。目前，社区已建成启用一期生活小区，占地面积12.7万平方米，楼宇34栋，常住人口1677户，4420人，流入人口48户，102人。六安市北苑社区位于六城区北部，占地面积0.6平方公里。辖4个居民小区，3590户，人口12680人。社区党总支直管党员57名，在职党员34名，协管党员311名。

黄山市歙县徽城镇练江社区成立于2011年，2015年县委县政府对社区区域进行调整，以新安路为界，在新安路以北设立练江社区。管辖范围：东至练江，南至新安路，西至皖赣铁路，北至城许路。划分为12个居民组，共有户籍人口5255人，常住人口17000余人。非公有制企业95家，是一个布局合理、环境优美、经济繁荣、治安良好的商住型社区。黄山市屯溪老街是国家级的历史文化保护街区，被誉为“活动着的清明上河图”，年旅游接待量为600万人次。作为地处老街的老街社区成立于2002年8月，东起三马路、西至老大

桥、南起滨江路、北至延安路，辖区面积0.2平方公里。现有工作人员8人，社区总人口7752人，流动人口846人；居民总户数1630户，店面526户。社区共有党员146人，党委下设五个居民区党支部和一个非公党支部，居民小组20个。

芜湖市清苑社区成立于2008年1月，是由原春苑社区和清水社区合并成立，辖区内企事业单位众多，学校、驻街机构、金融机构等均坐落于此，是街道的政治、经济、文化中心。合并后的社区面积1.05平方公里，南临青弋江，东面和联盟社区交界，西面和清水社区接壤，北边和清水、联盟交织，芜屯路、北京东路穿境而过，交通便捷；辖22个居民小组，住户3998户，人口9596人，社区党员122人。中央城社区成立于2010年初，地处九华南路以西，中山南路以东，大工山路以北，乌霞山西路以南的中心地块内，占地约87万平方米，建筑面积约为130万平方米，可容纳约3.5万人居住，共分成A、B、C、D、E、F六个住宅区域，住宅户数8 937户。财富街商业地块，商业户数719户，办公及单身公寓户数1342户。社区办公用房一期672.5平方米（已交付），二期2648平方米（未交付）。辖区内有萃文中学、十二中学、中央城大酒店（五星级）、CGV国际影城、利群超市、杰成房地产有限公司、国际会展中心等企事业单位。

2. 各社区治理取得的成就

（1）金马社区大力弘扬优秀传统文化，不断完善基础设施。社区坚持以德治理社区，秉着“民生为本、服务至上”的理念，通过整合资源、科学规划、强化功能，配置建设了高标准、高品位的“城市生活e站”。站内设立了家庭生活指导室、日间照料中心、儿童欢乐岛、四点半课堂、科普馆、陈列室、e智空间、和睦小屋、爱心捐助站、志愿者工作站、老年人娱乐中心及心理健康咨询室、法律援助中心以及健身馆等多功能服务场所。

社区内部配套功能设施齐全，建设有中心广场、74间商业门面及3000多平方米的大型超市，社区卫生服务站、金马学校、幼儿园等一应俱全。社区配有200多辆大型地下停车场及能容纳300辆车的人防工程，投入近40万元配置电子显示屏、蓝牙道闸及全覆盖监控探头；投入近20万元设置小区健身器材、草坪广播、环境保洁用具及各种宣传指示牌。同时，金马社区结合自身实际，组建了鑫马物业服务有限责任公司，由社区党支部书记担任物业公司董事长，采用"社区+物业+业主委员会"的管理模式，理顺社区党支部、社区居委会、物业公司、业主委员会的关系，整合各方资源，形成工作合力，为居民百姓提供全方位、全天候、全过程的关爱服务、公共服务、物业服务、志愿服务。

（2）北苑社区通过创新管理服务模式，坚持自我管理，自我服务的自治理念，充分发挥各方的积极性。社区“两委”围绕夯实组织基础、创新社区管理、提高服务水平等为目标，切实为居民办实事、办好事，各项工作取得了较好成绩。

抓班子带队伍，夯实党建基础。利用党课、远程教育、社区工作例会、周五学习日等，对党员干部进行党的路线方针政策以及国情教育。加强党员分类教育管理，组建各类志愿者队伍，组织党员积极参与社区活动。坚持“组织搭台、党员唱戏”，组织党员开展无职党员设岗定责、党员承诺、党员责任区为民服务全程代理等载体活动，为党员发挥模范作用提供平台。

推行网格管理，创新为民服务。为提高管理服务水平，增强与居民的交流互动，在社区实行网格化管理，并配套了相关的职责工作制度。社区开发了全员社会事务综合管理服务平台、社区便民服务互动网站、安装了触摸屏，使广大居民有更多机会参与社区的发展和建设，充分表达社情民意。

整合资源模式，深化为民服务。成立社区志愿者队伍、“映山红”京剧联谊会等，创新服务方式，让居民称心。设立意见箱、入户访谈、座谈会等，收集居民意见建议，畅通民情渠道，让居民舒心。成立治安巡逻中队，充分发挥社区调委会作用，实行班子成员轮流值班制，及时快捷地处理矛盾纠纷，让居民顺心。

（3）歙县徽城镇练江社区设党总支和3个直属党支部，共有直管党员277名，其中55周岁以下党员132名，70周岁以上党员53名，初中以上文化党员172名，女性党员124名。2015年8月，社区两委班子换届，选举产生新一届的两委干部8人，其中交叉任职1人。班子成员平均年龄45岁，高中以上文化5人。新一届的两委成员紧紧围绕社区发展大局，精诚团结、锐意进取；民主议事、科学决策；结构更合理、素质更优良；战斗力更强、群众满意度更高。

社区办公用房、活动用房面积约1200平方米，设有一站式服务大厅、就业和社会保障服务站、计生服务室、法律援助中心、科普工作站、多功能活动室、农家书屋等，服务功能较齐全，办公设施较完善。社区工、青、妇、民兵、治保、调解等组织网络健全，党建、文明创建、计划生育、社会治安综合治理、就业和社会保障、民政、安全生产、城建土地等各项服务与管理工作正常有序。

（4）屯溪老街社区积极宣传法治理念，普及法律知识，宣传相关法律法规，坚持法律进社区，法律知识进家庭，法律意识进民心的法治理念。党委、社区居民委员会、社区事务工作站和社区（党员）居民议事委员会等组织健全，制度完善，活动开展正常。历史文化保护名街—屯溪老街、中共皖南特委旧址、区博物馆、戴震纪念馆、万粹楼等著名景点坐落其中，是黄山市爱国主义教育基地和对外旅游宣传的一个重要窗口。社区先后荣获全国低保规范化建设典型单位、安徽省创先争优先进基层党组织、安徽省“百佳社区”、安徽省“第二届文明社区”、安徽省“文化先进社区”、安徽省“充分就业先进社区”、黄山市社区建设先进单位、黄山市先进基层党组织、黄山市科普示范社区等荣誉称号。

（5）清苑社区新建的社区综合便民服务中心位于怡园广场东侧，于2012年10月正式交付使用，共3层，面积2071平方米，其中一层是“一站式”便民服务大厅，大厅内设有为民服务窗口、社区警务室、残疾人康复中心、民情驿站调解室、水电气缴费便民服务点等；二层设有社区文体室、亲子乐园、爱心超市、文化驿站、丹青苑、党群室、社会组织孵化室、计生服务室、电子图书阅览室、多功能厅；三层为街道综合服务大厅，将社区前台所办理的业务，提交后台进行精细化处理。

清苑社区创新社会管理，加强养老服务基础设施建设，建成社区托老中心，总建筑面积400㎡，位于怡园广场东侧。设有“阳光敬老理发屋”“老年娱乐棋牌室”“夕阳休闲按摩室”“助老谈心读书屋”、心理咨询室、医疗康复室等活动室，为老年人提供足够的活动场所，增强社区老年人的归属感和认同感。

（6）中央城社区在滍港街道党工委、办事处的正确领导下，以打造“环境幽雅宜人、人文气息浓厚”为目标，组织和带领社区居民开展形式多样、丰富多彩的文体活动，搭建居民与社区之间沟通和交流的互动平台，以“自治、参与、共建、互助、共享”为宗旨，共同建造和谐美好高品质社区。全体社区工作者围绕群众对社区服务的新要求，做好新时期社区建设文章，以“城市生活e站”为服务平台，积极推行“网格化”服务模式，以提供优质服务为主导，解决辖区居民在获取知识、了解信息、化解纠纷、丰富文化生活、强化青少年儿童道德文化教育等方面的需求，提供良好的服务。社区“一站式”服务实现了社区服务的人性化、规范化、程序化和信息化。通过服务型社区的建设，充分发挥了广大社区群众和共驻共建单位志愿者参与社区建设的积极性，营造了社区人文环境温馨和谐，精神风貌积极向上，群众文化活动丰富多彩的大家庭氛围。

中央城社区先后荣获“全省综合减灾示范区”“省级城市生活e站单位”“市级市容环境卫生和责任区管理优秀单位”“市级妇女之家建设示范社区”“市级充分就业示范区”“市级文明示范社区”“就业和社会保障先进集体”“先进社区党支

部”“五四红旗团支部”“弋江区暑期中小学社区三结合教育工作学习型社区”等多项荣誉称号。

今后，全体社区工作人员将在社区党总支的带领下，协同社区各类组织，为把中央城社区建设成为环境优美、治安良好、管理有序、人际关系和谐的一流文明社区而努力。

2.新时代基层社区存在的问题

（1）社区承担事务。三个社区反馈给我们的突出问题是：社区承担事务过于繁重，既有对上级部门要求的事务，也有对社区居民的服务工作。社区工作人员需要完成相关资料的整理工作，还要对居民的问题给予解决。社区主任指出，特别是针对上级部门的工作比较难做，社区作为“基层政府”，上级政府职能部门过多，处理问题的效率不是很高，往往出现“扯皮球”的情况。

（2）社区鳏寡孤独的解决办法。针对因病致贫的居民，政府有一定标准，社区根据政府的标准来核查社区人员，依法依规向上级部门汇报和反馈，切实保障居民权益。同时，针对居民的低保户实行动态化监管，社区每半年上门核实实际情况，确认其是否符合低保发放标准，做到真实有效。不仅如此，上级部门也会派出相关人员随机摸查。两级排查确保低保足额发到居民手中，也是为了排查低保人员是否再次符合标准。

（3）社区工作人员的福利待遇情况。社区工作人员实行聘任制，没有编制。他们的流动性较大，社工要定期参加培训，不断提高专业化水平。但社工工资水平一般，差不多4000或者5000元，同时社工的晋升空间十分有限。

(4)维护居民权益。现在的社区工作人员的学历比以前有了较大的进步。社区财务情况会在公告栏上面公示，年轻人会通过建立微信群、QQ群、微信公众号等新媒体加大宣传，切实保障保护居民的知情权。利用业主委员会、政府居委会、业主委员会，通过“三委一体”定期召开会议来商量解决问题，确保居民的权益。

(5)居民普遍参与意识不强，主人翁观念不够，对社区的事务主动关心不够。

(6)社区居民对社区的整体认同感不强，社区环境是该社区的诟病，成为居民不满意的根源，社工服务力度不够，社区居民对社区的管理服务方式不是很满意。

(7)希望社区能够多腾出时间为群众开展形式多样的活动。居民感觉社区生活缺少活力，缺乏足够的社区活动，精神文化生活没有很好的得到满足，精神文化设施相对不足。

三、制约基层社区法治与自治、德治发展困境的原因

1.社区建设“行政化”“形式化”现象明显，自我管理、自我服务的自治理念还未得到完全落实

社区作为城市最基础的社会组织实体，实行社区居民自治，让社区居民自己处理社区内的事情，这也是社区建设的内在要求和主要目标。但旧的行政管理体制仍然继续发挥作用。一是区街政府部门仍然“大包大揽”，对社区各项工作指令性多，指导性少；二是政府及其职能部门纷纷在社区内设置组织机构，对社区派任务、下指标；三是党政干涉包办社区事务较常见，基层社区自主性受到一定限制。另外，一些

工作追求形式主义，有的只换“牌子”不换“班子”，工作走过场，应付了事，有的忽视社区建设的实质，不重视社区居民的要求和实际，不注意解决事关居民切身利益的问题，引起居民的不满，成为矛盾的冲突点之一，影响社区的权威性。

2. 社区工作者队伍的法治观念还不够强，整体素质还未完全适应社区建设发展的客观要求

社区法治建设进程缓慢，成为制约社区发展的重要因素。社区工作者中一部分人缺乏城市管理的经验，缺乏开拓创新意识，工作方法简单，工作手段单一，思想观念和工作能力还不能适应新形势的要求。导致社区工作者与居民交往大多就事论事，仅局限于居民委员会时期的进出盖章、邻里纠纷调解等具体事务。而对与社区密切相关的志愿者队伍、社区文体活动、弱势群体帮扶机制和党员先锋作用的发挥等缺乏深层次的思考，对社区工作中的一些难点问题涉及不多，研究不深，客观条件和自身素质的制约直接影响到社区工作的有效开展，成为制约法治、自治与德治发展的重要因素。

3. 社区工作者工资待遇偏低，影响其工作积极性

由于社区工作者是聘任制，其工资和福利待遇不属于事业单位范畴，与公务员系统内的工作人员，存在较大的差距。社区服务对象和工作内容的特殊性，社区工作者的工作生活负担较重，而薪酬待遇偏低，自身生活难以保障，影响社区工作者的积极性。社区工作者处于基层治理的最底层，不仅要承担着主管部门的指令性任务，还要解决社区事务，沉重的负担成为制约社区发展的重要原因。社区工作人员集

体意识不强，失德失范现象较为普遍，影响社区治理与服务水平。

（4）社区居民法律意识淡薄，不习惯用法律手段解决问题。社区居民经常绕开法律途径，也不经过社区解决各类纠纷，而是通过暴力解决问题，往往产生不好的影响，也造成双方的人员和财产的损失。这种行为既是对法律的藐视，也是法治观念淡薄的表现。加强法治教育和宣传成为社区治理工作中的重要任务，培养居民尊法守法，维护法律权威，让法律深入居民心中，内化成为潜意识的行动力。

四、以法治建设为重点，构建基层社区治理新机制

1.理顺治理主体之间关系，推进多方主体共治共享

当前，推进社区自治必须充分考虑社区的特点，一方面，要切实加强基层党组织建设，壮大社区党员队伍，始终将社区自治置于党的坚强领导和有力推动下，进一步增强基层组织的凝聚力、向心力；另一方面，要充分发挥社区治理各主体的积极性和创造性，引导社区居民特别是退休教师、德高望重能人、发家致富能手等乡贤人士积极参与到社区治理实践中，切实起到带头人、中介和桥梁作用，协同推进社区和谐发展。

2.加强现代道德建设，培育良好社会风尚

社区德治建设是社区治理的升华，不但要使德治成为政府工作的好帮手、村民利益的代言人，更要使之成为和谐社区的润滑剂。一是要注重个人品德、家庭美德、社会公德的培养。通过开展道德讲堂和“最美家庭”“身边好人”“道德

模范”等评议活动，弘扬正能量，让民风美起来。二是要广泛开展社会主义核心价值观教育，坚持以规促德，以润物无声、潜移默化的方式，将社会主义核心价值观融入社区德治中，使其成为居民的行为习惯。三是要加大优秀传统文化传播力度，深入挖掘中华优秀传统文化蕴含的思想观念、人文精神和道德规范，并结合时代要求继承创新。要实行家风建设、诚信建设、道德评议等行动，推动德善大地、美丽社区建设。

3.社区法治是解决现阶段社区发展过程中群体性事件、基层干部违法行为等问题最有力、最有效的手段

实现社区治理现代化必须坚持依法治国、依法执政、依法行政理念，全面推进社区法治建设。即完善社区基层立法，依法保护社区的合法权益；改善社区执法、司法现状，运用法治思维和法治方式解决改革发展稳定中遇到的问题；把权力关进制度的笼子，让权力在阳光下运行，实现社区治理的公开公平公正；加大法治宣传力度，提高全社区居民法治素养，增强居民法律意识，让居民尊崇法律，在社会活动中感知和认同法律。

4.以法治保障自治和连接德治

推进“三治”协调统一，建立健全基层治理体系，实现治理走向自治化、德治化和法治化。党的十九大报告指出，全面依法治国是国家治理的一场深刻革命，必须坚持厉行法治，推动科学立法、严格执法、公正司法、全民守法，完善社区的法律体系。“法律是治国之重器，良法是善治之前提。”加强顶层设计，按照科学立法、民主立法、依法立法的

要求，立足长远与着眼当前并重，完善相关法律法规。加大社区的普法宣传力度，宣传教育是法律实施的基础。推进基层民主自治建设，社区治理是实施社区自治的重要保障。深入贯彻《居民委员会组织法》，在社区实行民主选举、民主决策、民主管理、民主监督，并且和社区基层的政务公开、财务公开结合起来，真正做到还权于民。创造社区良好的法治环境。社区的正常运行要靠良好的法治环境去保障。要依法规范基层政府的行政行为，维护国家法治统一和宪法法律权威，以法律的有效实施和群众合法诉求的有效解决为基准，强化法律在维护社区居民权益、环境治理、化解社区矛盾等方面的权威地位，促进社会公平正义。“三治”融合的载体是人，需要增强多主体的法治观念、规制意识、集体意识等，构建符合新时代要求的基层社区治理新机制。

五、结语

习近平总书记在党的十九大报告中指出，中国特色社会主义进入新时代，我国社会主要矛盾已经转化为人民日益增长的美好生活需要和不平衡不充分的发展之间的矛盾。习近平新时代中国特色社会主义思想及其对新时代主要矛盾的论述，为我国今后社区工作的有效开展指明了方向，也提出了新任务新要求。同时，新一轮政府机构改革，推动行政管理体制的不断调整，也要求社区治理模式要与时俱进，大胆创新。从自身实际出发，注重学习和借鉴有益的经验。激发社区居民主人翁精神，增强居民法治观念，营造全民守法的良好氛围。

健全自治、德治与法治相结合的社区治理体系是一项系统工程，它并不是某一个职能部门的事，而是涉及政府所有职能部门。此外，它也是一项历史性工程，不可能一蹴而就，因为它与新时代社会主义民主政治建设、社会主义法治国家建设、社会主义建设等伟大事业相辅相成、相伴始终。只有进一步加强与完善社区治理体制机制，才能真正实现国家层面的社会治理工作目标；只有进一步建立与健全自治、德治与法治相结合的社区治理体系，才能真正实现有效的社会治理体系，形成良好的社会秩序，才能使广大社区居民的获得感、幸福感、安全感更有保障、更有持续性。

完善格局　创新举措　不断推进危险驾驶社会治理体系和治理能力现代化①

——以芜湖法院近三年审理案件为研究样本

提　要：2016年以来，芜湖地区危险驾驶犯罪案件一直处于高位运行态势，位居所有刑事案件首位，并呈现犯罪主体“五多两少”、犯罪客观方面“四集中”、案件侦破“一多两少”、量刑“三集中”等特点。传统酒文化的负面效应、被告人法律意识淡薄、过于自信与侥幸心理、犯罪成本较低以及机动车辆拥有量快速增长等是危险驾驶犯罪快速增长的主要原因。应从建设社会治理系统工程、加强前端管理、完善末端管理、实现全链条治理、加大宣传攻势、规范量刑标准、坚持繁简分流等方面着力，尽快遏制危险驾驶犯罪快速增长的势头。

关键词：危险驾驶；社会治理；治理体系

为坚决贯彻落实习近平总书记关于政法机关“四大任务”的重要指示精神，根据省委常委、政法委书记姚玉舟2018年10月9日来芜湖调研视察时的工作部署和要求，我们立即组织开展危险驾驶犯罪的审判研究。在芜湖市委常委、政法委书记汪华东的高度重视和精心指导下，芜湖中院院长

①参加人员：胡敏、彭凤莲、江权、王昌敏、胡国华、吴建平、江明、叶飞、刘钰、汪明桦、王朝、李娟。

胡敏就危险驾驶犯罪案件先后主持四次专题调研会议，依托芜湖中院和安徽师范大学共同成立的公正司法研究院，凝聚法官和专家学者合力，开展联合调研。通过调研发现，近三年来危险驾驶案件始终位居芜湖法院刑事案件数首位，处于高位运行态势，居高不下。为有效遏制危险驾驶犯罪，在依法惩处的同时，特别需要坚持预防先行、加强管理，进一步创新社会治理机制，加快推进社会信用体系建设，建立健全预防和惩治危险驾驶犯罪共建共治共享工作格局。建议省委政法委就防范和治理危险驾驶犯罪出台《关于预防和惩治危险驾驶犯罪的指导意见》，并指导相关部门制定《关于对危险驾驶犯罪的失信行为责任人实施联合惩戒的指导意见》，不断提高危险驾驶社会治理体系和治理能力现代化水平，努力建设更加稳定和谐有序的平安安徽。

一、危险驾驶犯罪案件审理的基本情况

相关统计数据显示，近三年来危险驾驶犯罪长期位居全省法院刑事案件数前列，位居芜湖法院刑事案件数首位，处于高位运行态势，居高不下。

2016年1月至2018年9月，全省法院共受理危险驾驶类案件25067件，其中一审24422件，适用简易程序审理22118件。2016年受理7264件，其中一审7058件，适用简易程序审理6234件；2017年受理9408件，其中一审9175件，适用简易程序审理8401件；2018年1—9月受理8395件，其中一审8183件，适用简易程序审理7483件。

2016年1月至2018年9月，芜湖法院共受理危险驾驶类

案件1874件，其中一审1825件，适用简易程序审理1745件。2016年受理630件，其中一审604件，适用简易程序审理583件；2017年受理715件，其中一审701件，适用简易程序审理667件；2018年1—9月受理529件，其中一审520件，适用简易程序审理495件。共造成人员伤亡的212件，造成财产损失的283件。

二、危险驾驶犯罪案件特点

经过大数据分析可知，危险驾驶犯罪呈现出主体“五多两少”、客观方面“四集中”、案件侦破“一多两少”、量刑“三集中”的特点。

1.犯罪主体“五多两少”

危险驾驶案件犯罪主体呈现“五多两少”特点，即男性多，中青年多，文化程度初中以下多，无固定职业多，多具有驾驶资格，外地人少，国家工作人员犯罪较少，需加大对犯罪主体所在群体的宣传教育和预防引导。

（1）男性被告人多。受中国几千年酒文化的影响，男性饮酒的比例要远远高于女性，且目前男性驾驶机动车的比例也高于女性。1825名被告人中，男性1793人，占比98.25%；女性32人，占比1.75%。

（2）青壮年被告人多。危险驾驶犯罪案件中，被告人18—30岁324人，占比17.75%；31—40岁545人，占比29.86%；41—50岁668人，占比36.60%；51—64岁268人，占比14.68%；65—74岁19人，占比1.04%；16岁以下1人，占比0.07%。从占比情况看，青壮年为本案的高发人群。

（3）初中及以下文化程度被告人多。从数据分析可以看出，初中及以下学历人员仍是犯此罪的主要人群。调查数据显示，文盲或半文盲87人，占比4.76%；小学346人，占比18.96%；初中文化792人，占比43.39%；高中（含职高、中专、技校）337人，占比18.47%；专科185人，占比10.14%；本科73人，占比4%；研究生5人，占比0.28%。

（4）无固定职业被告人多。无固定职业者与职员、国家工作人员等相比，自我约束能力弱，法律意识淡薄，更容易犯此罪。就职业类型来看，无业人员288人，占比15.78%；务工人员271人，占比18.84%；私营企业主（含个体劳动者）158人，占比8.66%；农民86人，占比4.71%；工人76人，占比4.16%；职员46人，占比2.52%；学生3人，占比0.16%；失业人员3人，占比0.16%；离退休人员3人，占比0.16%；其他874人，占比47.89%。

（5）无证无牌被告人多。无证无牌驾驶机动车的社会危害性较大，无驾驶资格（包括证驾不符）驾驶机动车的317件，占比17.37%；驾驶无牌证车辆293件，占比16.05%；既无驾驶资格又驾驶无牌证车辆的153件，占比8.38%。

（6）外地户籍被告人少。被告人为外地户籍较少，危险驾驶案件1524名被告人为本地户籍，301名为外地户籍，仅占比16.49%。外地户籍被告人在案件执行过程中往往存在居住地管辖难以确定的问题。在实际执行过程中，因服刑人员居住地管辖难以确定，导致服刑人员无法衔接或接收后，在一定程度上影响社区矫正的效果。

（7）具有国家工作人员身份被告人少。危险驾驶案件中，国家工作人员17人，占比0.93%。这体现出中央八项规定出台后，整顿“酒桌办公”成效显著，干部队伍作风明显好转。

2.犯罪客观方面“四集中”

危险驾驶犯罪客观方面呈现“四集中”特点，即醉驾类案件、案发时间、案发地点、涉案车型较为集中，司法机关需重点关注醉酒类人群及特定时间、地点、车辆。

（1）醉驾类案件较为集中。危险驾驶案件高度集中于醉酒驾驶类案件，一审1825件案件中，醉酒驾驶类案件1822件，占99.84%；全市法院仅受理1件超速类危险驾驶案件，2件超载类危险驾驶案件。醉酒驾驶案件被告人血液内酒精含量达到80mg/100ml即构成犯罪。被告人酒精含量主要集中在101—200mg/100ml之间，为中度醉酒，占比68.11%。

（2）案发时间较为集中。从案发时间段看，危险驾驶犯罪主要集中在晚饭后18时至次日凌晨5时，其次为午后14时至17时期间。其中：18时至21时1066件，占比58.41%；22时至次日5时357件，占比19.56%；14时至17时229件，占比12.55%；10时至13时155件，占比8.49%；6时至9时18件，占比0.99%。

（3）案发地点较为集中。从案发地点看，市区内的案件主要集中在城区主干道，少数案件发生在允许社会公共通行的人行道、步行道、广场、停车场等。县城的案件主要集中在省道、县道和县城内道路上，少数案件发生在乡村道路上。据统计，发生在城市公路的1545件（包括省道、县道等），占比84.66%；乡村道路等280件，占比15.34%。

（4）涉案车型较为集中。危险驾驶案件中涉案车型多为小型轿车和摩托车，其中小型轿车1178件，占比64.55%；摩托车531件，占比29.09%，总占比超过93%。其中发生在主城区的案件驾驶小型轿车的占绝大多数，发生在较偏远地区的案件驾驶二轮摩托车的比例占多数。另有43件驾驶超标电动车、燃油助力车等案件被查处，占比2.36%；73件驾驶小型客车、货车、面包车等营运车辆，占比4%。搭载乘客案件少，危险驾驶案件中，犯本罪时搭载乘客的案件45件，占2.47%；芜湖市未发现出租车驾驶员危险驾驶案件。

3.案件侦破“一多两少”

危险驾驶案件侦破中存在“一多两少”特点，即公安设岗查获多、被告人主动投案少、酒驾被罚后再犯少。可见，公安机关需增加设岗次数，加大酒驾查处力度。

（1）公安设岗查获多。危险驾驶案件中，公安设岗检查酒驾作用不可或缺，公安民警设岗查获1095起，占比60%；被查获时，有逃避公安机关检查行为的案件3件，占0.16%。因交通事故而被查获的669起，占36.65%，共占比96.65%。另有61件是因醉酒驾驶机动车与他人发生纠纷而被查获。

（2）被告人主动投案少。危险驾驶案件中，被告人主动投案少，1643起案件被告人到案后如实供述自己的罪行，占比90.03%；179起案件被告人构成自首，占比9.81%；3人不认罪，占比0.16%。

（3）酒驾被刑事处罚后再犯少。危险驾驶案件中，曾因酒驾被处罚后又犯本罪的案件66件，占3.61%，其中曾因危险驾驶罪被刑事处罚后又犯本罪的案件25件，占1.36%。

4.量刑“三集中”

芜湖法院按照省高院出台的量刑规范化指导意见（试行），对危险驾驶犯罪案件进行定罪量刑。通过试点，发现该类案件量刑存在“三集中”特点，即四个月以下刑期较为集中、4000元以下罚金刑较为集中、宣告缓刑较为集中。量刑规范化需要根据试点情况作出相应调整。

（1）四个月以下刑期较为集中。主刑方面，1825件案件中，判处拘役二个月及以下的1246人，占比68.27%；判处拘役三个月至四个月的539人，占比29.53%；五个月至六个月的36人，占比1.97%，其中判处六个月的只有4人。判处免予刑事处罚4人，占比0.22%。

（2）4000元以下罚金刑较为集中。附加刑方面，罚金2000元（包括）以下613人，2000元至4000元（包括）845人，4000元至6000元（包括）359件，6000元以上的8人。

（3）宣告缓刑较为集中。危险驾驶犯罪属于法定刑为拘役的轻刑犯罪案件，且大多数危险驾驶案件的被告人系初犯、偶犯，危险驾驶犯罪情节一般较轻，造成的交通事故多为轻微的人员受伤或财产损失，故对危险驾驶案件一般运用缓刑。全市法院严格按照省高院出台的量刑规范化指导意见（试行）宣告缓刑1300人，占比71%。

三、危险驾驶犯罪快速增长的原因

危险驾驶犯罪频发主要有四方面原因，既有被告人主观认知错误问题，又有社会治理方面需要重视和加强的问题。

1. 传统酒文化的负面效应

中国酒文化中“无酒不成席”的观念在人们头脑中根深蒂固，“不醉不归、一醉方休”等陋习在酒桌上频频发生。在酒文化带来的负面影响之下，不少驾驶人员前脚出酒桌、后脚上车驾驶，从而酿成了触犯刑法的严重后果，这是造成危险驾驶案件频发的重要原因。

2. 被告人法律意识淡薄

调研结果显示，危险驾驶案件的被告人以初中及以下文化程度居多，大多数被告人文化程度较低，缺乏安全意识和风险意识，对于酒驾的危害性认识不够。此类人群往往忽略对法律特别是刑法的关注，没有意识到刑事归罪的严重性，也没有意识到此类案件潜在的危害后果，部分农村居民甚至认为醉酒驾驶摩托车、电动三轮车不构成犯罪，在对自身的行为缺乏正确认知的情况下，触犯法律必将成为必然。

3. 过于自信与侥幸心理作祟

部分驾驶人员明知醉驾行为触犯了刑法，甚至会危及自己与他人的生命安全，但过于相信自己的自控能力及驾驶技术，认为其头脑清醒，不会出事，更是让他们把安全意识抛于脑后。同时存在不会被交警查处的侥幸心理，未将交通安全意识转化为自觉的行动，导致醉驾案件屡禁不止。

4. 机动车辆拥有量快速增长

随着经济社会发展，近年来全市汽车保有量呈现逐年上升的趋势，2016年、2017年、2018年前九个月汽车保有量分别为537528辆、595921辆、640343辆。庞大的汽车数量对交通状况提出了严峻的挑战，更对道路安全产生了深刻影响。

随着小型轿车、摩托车、电动三轮车数量日益增多，驾驶员数量亦随之增长，然其素质良莠不齐，相关的培训、教育、宣传工作亦未能及时跟上，客观上提升了犯罪的潜在风险和发生概率。

四、遏制危险驾驶犯罪快速增长的对策建议

公安设岗查获危险驾驶案件占比60%的客观数据，说明在查获危险驾驶案件中，“电子眼查不能代替人查”，仅仅依靠电子眼还不够，需要将电子眼查和人查结合使用，尤其在当前危险驾驶犯罪高位运行、居高不下的态势下，更要进一步强化人查，加大依法惩处力度，不断创新社会治理方式，坚持标本兼治，坚持关口前移，加强前端治理，完善末端治理，强化法治宣传，统一量刑标准，有效遏制危险驾驶犯罪快速增长态势。

1.创新举措，建设危险驾驶社会治理系统工程

危险驾驶犯罪的预防与打击是一项系统工程，是对社会治理体系和治理能力的现实考验，应在不断推进社会管理机制建设，逐步整合社会力量的基础上，实现治理方式和手段的创新，推动建立防范打击危险驾驶犯罪的联动机制。

一是创新目标考核工程。各级党委政法委、综治办要在党委的统一领导下，充分发挥综治各成员单位的综合优势、综治基层组织群防群治的网络优势和领导责任制的激励约束优势，将治理危险驾驶工作纳入社会治安综合治理目标责任体系。工商行政管理、餐饮监管等市场监督管理部门应对其管理的经营单位、场所进行日常巡查，尤其是对易引发危险

驾驶犯罪的饭店、酒吧、KTV等作重点检查，配合相关部门开展防范酒驾行为的专项整治和宣传工作，其履责情况纳入本部门社会治安综合治理目标考核内容。目标考核工程的推动将切实解决以往主体不明确、责任不清晰的问题，形成多层面平安建设项目化管理。

二是创新失信惩戒工程。将危险驾驶行为的惩处与个人诚信管理评估系统对接，驾驶人员在办理驾驶执照时应签署禁止危险驾驶承诺书，驾驶人员身份、驾驶记录等信息录入社会信用管理平台，一旦出现酒驾等危险驾驶行为立即扣除其诚信积分，从而督促其养成酒后不驾车的良好习惯。失信惩戒工程将进一步推动部门间协同配合，强化社会治理重点环节和事项的预警、阻断和管控。

三是创新守信激励工程。对驾龄在五年以上、未因危险驾驶违法行为受过行政处罚或刑事处罚的驾驶人员，将其信息录入交通部“信用交通”网站予以公开表彰，在办理交通运输行政审批过程中优先或加快办理，在符合政府或行业管理部门评优评先条件下予以优先推荐，在申请道路旅客运输业务等方面予以优先许可。守信激励工程将助力培养公民责任意识和道德意识，不断提升人民群众的守信获得感，助推社会诚信体系的构建。

2.加强前端管理，防范减少危险驾驶犯罪

一是加强精准化交通管理。公安机关交通管理部门要进一步加强交通管理，尤其要加强对重点时段、重点场所、重点对象、重点车型的管理。重点时段应集中在晚上18时至凌晨5时之间。重点地点应为城区主干道及县城内的道路，通过运用大数据分析，进一步锁定事故高发的路段和相关区域，增设相关卡点和加大检查频率，提升查处成效。重点对象应为无业人员、进城务工人员等文化程度较低、法律意识相对淡薄的群体；重点车型要根据不同地区实际情况有所区分，在主城区应以小型轿车为查处重点，在城乡接合部、较偏远的区及县城重点查处摩托车、电动三轮车等车型。公安机关路面查控力度的加大，将有效治理酒驾行为，及时排查道路安全隐患。

二是加强服务业管理。饭店、酒吧、KTV以及4S店等经营单位应切实增强社会责任感，遵守行业规范，在醒目位置张贴避免酒后驾车的宣传标识，或由服务人员主动告知、提醒顾客不要酒后驾车，发现酒后驾车的应及时劝阻。

三是加强单位内部管理。企事业单位应定期对所属员工、职工开展安全教育，对单位内部人员酒后驾车尚未构成犯罪的，及时谈话提醒，及时通报处理。

四是加强行业协会管理。进一步加强对相关行业协会的支持，积极推进“酒后代驾”服务，建立行业规范，完善相关制度，强化监管举措，促进代驾市场健康规范发展。

五是加强举报奖励管理。建立酒驾行为监督、举报、奖励制度，设置举报、投诉热线或网络、手机短信平台，及时受理酒后驾驶举报线索，对查证属实的，给予一定的物质奖励。

六是加强社会监督管理。定期邀请新闻媒体、人大代表、政协委员参与禁酒驾整治工作，进行现场跟踪报道和执法监督。

3.完善末端管理，全链条治理危险驾驶犯罪

一是完善社区矫正管理。完善社区矫正工作机制，预防危险驾驶再犯，司法行政机关应出台社区矫正人员居住地管辖管理办法，规范处理管辖权争议，预防社区服刑人员脱管、漏管。对拟判处非监禁刑的，公安机关、检察院应在提请公诉前及时向司法行政机关送达《审前社会调查评估意见函》，规范社区矫正审前调查。司法行政机关需定期组织危险驾驶犯罪社区矫正人员开展公益劳动，持续向矫正人员及其家属发送温馨提示、提醒短信等，提升危险驾驶类社区服刑人员及其家属的公民交通安全意识。

二是完善鉴定管理。公安机关还应进一步加强对酒精含量检测机构的管理，在指定鉴定机构时注意对鉴定机构的资质审查，加强对鉴定人员及鉴定工作程序的管理、督查，形成及时发现廉洁风险、科学评估风险等级、有效实施预警处置的风险预警机制，不断提高鉴定质量，从源头上防范各类风险。

三是完善大数据治理。依托司法大数据信息化平台，实现对危险驾驶犯罪信息的全面采集、分类整理和深度分析。利用分项数据模型的统计分析结果，对案件量趋势、案件地域分布、被告人特征、案件特征等进行专项研究，提取、锁定关键信息，研判发展态势，助力危险驾驶犯罪预防、治理工作。

4.加大宣传攻势，增强安全意识

预防危险驾驶行为的滋生，关键是要提高全社会对危险驾驶行为危害性的认知，发挥公安、检察、司法、乡镇（街

道）等单位的职能作用，进一步加大宣传力度，切实提升群众安全驾驶意识，营造良好社会氛围。

确定重点宣传对象，提高宣传工作的针对性。应将危险驾驶犯罪的高发群体列为重点宣讲对象。就芜湖市具体情况而言，应将外来务工人员、农村居民列为重点宣传对象，可在车辆销售点、居住的街道、工作的企业设立宣传标语，告知其超标电动车、燃油助力车、拖拉机等也属于酒驾被查处的交通工具，切实增强重点群体的安全驾驶意识。

明确重点宣传场所，提高宣传实效性。应根据危险驾驶犯罪的特性，将饭店、酒吧、KTV等场所确定为重点宣传场所，在这些场所内要求张贴醒目的禁止酒后驾车的宣传标识，其服务人员要主动对顾客履行相关提醒义务。此外在危险驾驶高发路段亦要张贴标语横幅，发挥警示作用。

选择重点宣传时段，提高宣传时效性。在我国，春节、国庆等节假日一般是民众的饮酒高峰期，也是易引发大量醉酒驾驶犯罪的危险期，为此在节假日前夕要及早敲响警钟、做好预防工作。在每日的晚饭前后18时至20时，午饭前后12时至14时等醉酒驾驶的高发时段，宣传部门及相关单位应组织人员在饭店、酒吧、KTV等场所发动禁止酒驾的宣传，增强公众“驾车不饮酒、饮酒不驾车”的意识。

拓展宣传主体，提高宣传广泛性。充分发动各类人员，广泛开展关于危险驾驶危害性及其应负法律责任的宣传。供应、销售酒品人员及共同饮酒人员向饮酒者履行提醒、宣传义务，加强他律的力量，在全社会营造抵制危险驾驶行为的浓郁氛围，使公众自觉养成相应意识。

丰富宣传载体，增强宣传感染力。可通过新闻媒体广泛宣传醉驾的危害性，及时报道醉驾被判刑的情况及典型案例，敲响安全行车警钟。亦可以动漫形式拍摄危险驾驶类案件小视频，并通过微信公众号、微博等网络媒体进行传播宣传，以生动鲜活的形式起到更好的警示效果。

落实宣传责任，提高宣传主动性。对于在危险驾驶案件审理过程中发现部分单位对打击酒驾行为的重要性、紧迫性认识不足，怠于履行自身宣传、管理职责的，人民法院可向其发送司法建议，促使其依法履职，从源头堵塞管理漏洞。

5.规范量刑标准，统一裁判尺度

全面调研危险驾驶犯罪案件适用缓刑情况，逐案检查缓刑适用的尺度把握是否合理，统计犯危险驾驶罪宣告缓刑人员的再犯率。对宣告缓刑后再犯率高的辖区，要深入剖析、查找问题根源，并对适用缓刑的标准从严把握，在案件审理过程中加大对危险驾驶行为人的法治教育力度。在总结试点经验的基础上，抓紧研究制定全省危险驾驶案件量刑指导意见，统一缓刑适用标准和罚金刑判罚尺度，做到宽严适度、精准量刑。借力智慧法院系统，充分运用类案推送功能，与全国其他地区法院审理的危险驾驶犯罪案件的犯罪事实和量刑情节认定、刑罚裁量尺度等进行比较，统一量刑标准，提高司法公信力。

6.推行繁简分流，提升审判效率

积极践行危险驾驶案件简案快审模式，坚持推行繁简分流，对危险驾驶案件进行集中审理，通过类案化进一步提高审判效率、节约司法资源。一是指定专人办理该类案件；二是案件移送法院刑庭后快速分配案件；三是简化庭审程序，对案件事实清楚、证据确实充分、被告人自愿认罪的危险驾驶案件实行集中开庭审理；四是不能缺失、不能简化集中开庭审理过程中法律赋予被告人的各项权利；五是对集中审理的案件当庭宣判。